短期集中！ 15日で総仕上げ

Short-term concentration! Total finish in 15 days
Nồng độ ngắn hạn! Tổng cộng hoàn thành trong 15 ngày

日本語能力試験 N5
直前対策
ドリル&模試
文字・語彙・文法

Japanese Language Proficiency Test N5 Countermeasures Drill & Mock Letters · Vocabulary · Grammar
Bài kiểm tra trình độ tiếng Nhật N5 biện pháp đối phó Thử nghiệm khoan và thử nghiệm Thư từ · Từ vựng · Ngữ pháp

森本智子・高橋尚子・松本知恵◉共著

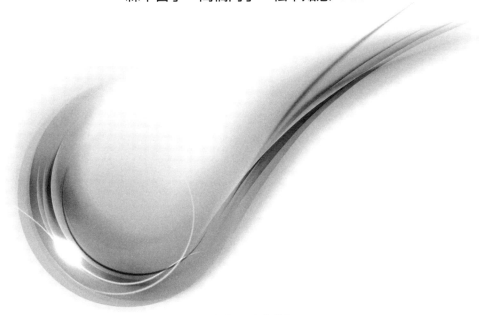

Jリサーチ出版

はじめに

Foreword ／ Lời nói đầu

　日本語能力試験は、日本語を学習する多くの方々にとって、とても大切な試験になっています。それぞれの学習段階において、具体的な到達目標として試験の合格を目指していることと思います。そして、試験日が近づくにつれ、気持ちは高まり集中力が増していきますが、同時に、不安な気持ちも感じてくるのではないでしょうか。

　そこで、試験前のラストスパートや、短期間で一気に実戦力を伸ばしたいときに、ぜひ、この問題集を活用してみてください。負担を感じることなく、どんどん問題を解き、実戦力を身につけていくことができます。「文字・語彙」と「文法」に分け、それぞれ15回のドリルと3回の模試、さらに、テーマ別にポイント整理ができるページも用意しています。どうぞ、分野別の強化プラン、また、試験までの対策スケジュールに合わせて、効果的にお使いください。

　本書を使った学習を通して、皆さんが日本語能力試験はN5に合格すること、また、本書が皆さんの日本語力の向上に役立つことを心より願っています。

著者一同

The Japanese Language Proficiency Test is becoming a very important exam for many Japanese learners. It allows students at all different levels to have a concrete goal in mind, which is to work to pass the test. You may feel more excited and concentrated as the test day nears, but you may also start to feel anxious.

That is why we invite you to use this workbook as your final sprint toward your goal, or to quickly improve your test-taking skills in a short period of time. You should be able to improve without feeling drained by working through the problems and solving them. The workbook is split into Character / Vocabulary and Grammar sections, each with fifteen drill sections and three practice tests. Pages that allow you to mentally organize important points by theme are also included. Please use these according to your own plans based on the subjects you need to bolster and your study schedule until the test.

We sincerely hope that the things you learn from this book will help you pass the N5 level of the Japanese Language Proficiency Test, and that it will help improve your Japanese language skills.

The Authors

Kì thi năng lực tiếng Nhật là kì thi khá qua trọng với nhiều người học tiếng Nhật. Ở mỗi giai đoạn học tập người học lại có mục tiêu cụ thể để dành kết quả như mong muốn tại kì thi này. Và càng gần đến ngày thi, tâm trạng của người học trở nên hồi hộp hơn, khả năng tập trung lên cao nhưng đồng thời chắc cũng không khỏi cảm thấy lo lắng, hồi hộp.

Chính vì vậy, chúng tôi muốn các bạn hãy sử dụng cuốn ôn luyện này khi chỉ còn giai đoạn cuối ôn tập cho kì thi hay khi muốn nâng cao khả năng làm bài nhanh trong thời gian ngắn. Với cuốn sách này, bạn sẽ không cảm thấy áp lực, có thể giải được nhiều bài và trau dồi khả năng làm bài thi thực tế. Chúng tôi chia thành phần "từ vựng" và "ngữ pháp", mỗi phần có 15 bài luyện tập và 3 bài thi, ngoài ra còn có phần giúp bạn hệ thống lại các điểm cần chú ý theo chủ đề. Rất mong các bạn sẽ sử dụng hiệu quả lịch trình học tăng cường theo lĩnh vực hay kết hợp với kế hoạch học tập trước kì thi của bản thân.

Chúng tôi hy vọng rằng bằng cuốn sách này, các bạn sẽ có thể đỗ kì thi năng lực tiếng Nhật N5, hay giúp ích nâng cao khả năng tiếng Nhật của các bạn.

Nhóm tác giả

目 次
もく　じ
Table of Contents ／ Mục lục

Part 2 実戦ドリル　文法 •••••••••••••••••••••••••••••••• **45**
じっせん　　　　　　ぶんぽう
Practical Drill － Grammar ／ Bài tập thực tế － Ngữ pháp

テーマ別ミニ特訓講座 •••••••••••••••••••••••••••• **76**
べつ　　　　とっくんこうざ
Mini-Courses Based on Themes ／ Khóa học mini theo chủ đế

Part 3 模擬試験 •••••••••••••••••••••••••••••••••••• **85**
もぎしけん
Mock Examinations ／ Bài thi thử

〈別冊〉　解答・解説
べっさつ　かいとう　かいせつ
〈Separate Volume〉 **Answers and Explanations**
〈Phụ lục〉 **Lời giải, giải thích**

解答用紙 Answer Sheet ／ Phiếu làm bài
かいとうようし

この本の使い方
ほん　つか　かた
How to Use This Book ／ Cách sử dụng sách

この本では、15日の学習で終えられるようになっていますが、それより短くても、長くてもかまいません。
試験までのスケジュールに合わせて自由にお使いください。以下は、15日で学習する場合の基本的なプランです。

While this book is designed so that it can be completed through 15 days of learning, it is fine to take shorter or longer to finish it. Please use it in line with your schedule leading up to the test. The following is the basic 15-day study plan.

Cuốn sách này được biên tập để học gói gọn trong 15 ngày nhưng bạn có thể học nhanh hơn hoặc chậm hơn đều được. Hãy sử dụng sách một cách thoải mái sao cho phù hợp với kế hoạch của bạn cho tới ngày thi. Dưới đây là lịch trình cơ bản cho chương trình học trong 15 ngày

	文字・語彙 もじ　ごい	文法 ぶんぽう
Day 1	実戦ドリル 第1回	実戦ドリル 第1回
Day 2	実戦ドリル 第2回	実戦ドリル 第2回
Day 3	実戦ドリル 第3回	実戦ドリル 第3回
Day 4	実戦ドリル 第4回	実戦ドリル 第4回
Day 5	実戦ドリル 第5回	実戦ドリル 第5回
Day 6	実戦ドリル 第6回	実戦ドリル 第6回
Day 7	実戦ドリル 第7回	実戦ドリル 第7回
Day 8	実戦ドリル 第8回	実戦ドリル 第8回
Day 9	実戦ドリル 第9回	実戦ドリル 第9回
Day 10	実戦ドリル 第10回	実戦ドリル 第10回
Day 11	実戦ドリル 第11回	実戦ドリル 第11回
Day 12	実戦ドリル 第12回	実戦ドリル 第12回
Day 13	実戦ドリル 第13回	実戦ドリル 第13回
Day 14	実戦ドリル 第14回	実戦ドリル 第14回
Day 15	実戦ドリル 第15回	実戦ドリル 第15回

← 《実戦ドリル》
じっせん

実際の試験と同じ形式、半分くらいの量の問題で練習します。

「文字・語彙」「文法」のそれぞれについて、1日1回のドリルをするパターンです。答え合わせを含めて、最少20分程度です。

※もちろん、これより多くやったり、先にどちらかを集中的にやってもかまいません。

You will practice using questions that are in the same format as the actual test. About half the actual number of questions will be asked.

This is a pattern where you will have one drill each per day for Characters / Vocabulary and Grammar. These should take at least 20 minutes, including checking your answers.

※Of course, it is fine if you do more than this, or if you decide to focus on one of the two types of drills first.

Luyện tập bằng bài luyện có hình thức giống với kì thi thực tế và độ dài bằng 1/2.

"Từ vựng", "ngữ pháp" có bài luyện tập một lần một ngày. Chỉ mất khoảng 20 phút tính cả thời gian so đáp án.

※Tất nhiên, bạn có thể làm nhiều hơn hoặc làm tập trung phần nào trước cũng được.

Day 15	模擬試験 第1回	模擬試験 第1回
	模擬試験 第2回	模擬試験 第2回
	模擬試験 第3回	模擬試験 第3回

← 《模擬試験》
もぎしけん

最後に3回でもいいですし、ドリルの前や途中で1回やってもいいでしょう。

It is fine to do it three times at the end, or once before and during drills, for example.

Bạn có thể làm cuối cùng 3 lần, hoặc làm 1 lần trước hoặc giữa bài luyện tập.

Day 1 ～ 15	テーマ別 べつ ミニ特訓講座 とっくんこうざ （7回） かい	テーマ別 べつ ミニ特訓講座 とっくんこうざ （5回） かい

← 《テーマ別ミニ特訓講座》
べつ　　とっくんこうざ

好きなときに、どれからやってもかまいません。ポイント整理、弱点補強に役立ててください。

You may do these whenever you like, and you can start with whichever you want. Please use these to help mentally organize important points and to help address your weaknesses.

Bạn có thể làm từ bất cứ đâu vào lúc mình thích. Hãy dùng cuốn sách để sắp xếp lại những mục cần chú ý hay hỗ trợ điểm yếu của bản thân.

Part1

実戦ドリル
じっせん

文字・語彙
もじ　　　じ　　　ご　い

Practical Drill - Vovaburary
Bài tập thực tế - Từ vựng

第1回～第15回
だい　かい　　　だい　かい

テーマ別ミニ特訓講座
べつ　　　　　とっくんこうざ

Mini-Courses Based on Themes
Khóa học mini theo chủ đề

1. 読み
   よ
2. 書き
   か
3. い形容詞
   けいようし
4. な形容詞
   けいようし
5. 時間
   じかん
6. 人
   ひと
7. カタカナ語
   ご

第1回

10分　　/16

もんだい1　＿＿の　ことばは　ひらがなで　どう　かきますか。ひとつ　えらんで　ください。

❶ わたしは　まいにち　バスで　学校へ　いきます。

1　がこう　　　　2　がつこう　　　3　がっこう　　　4　がくこう

❷ つくえの　うえに　パンが　八つ　あります。

1　やっつ　　　　2　やつ　　　　　3　はっつ　　　　4　はつ

❸ もう　おひるごはんを　食べましたか。

1　さべ　　　　　2　ざべ　　　　　3　たべ　　　　　4　だべ

❹ この　かばんは　高いです。

1　ふるい　　　　2　たかい　　　　3　おおきい　　　4　くろい

❺ 左の　めが　いたいです。

1　びたり　　　　2　ひたり　　　　3　びだり　　　　4　ひだり

もんだい2　＿＿の　ことばは　どう　かきますか。ひとつ　えらんで　ください。

❶ もくようびに　えいがを　みました。

1　大　　　　　　2　天　　　　　　3　本　　　　　　4　木

❷ ははと　よく　でんわで　はなします。

1　言し　　　　　2　話し　　　　　3　聞し　　　　　4　読し

❸ ともだちの　いえで　ぱーてぃーを　します。

1　パーティー　　2　パーテェー　　3　パーニィー　　4　パーネェー

❹ かいしゃの　いりぐちに　おんなの　ひとが　たって　います。

1　男　　　　　　2　父　　　　　　3　女　　　　　　4　母

もんだい3 （　）に なにが はいりますか。いちばん いい ものを ひとつ えらんで ください。

❶ A 「（　　　　）は いますか。」
　 B 「はい。いもうとが います。」
　　 1　おとな　　　　 2　みんな　　　　 3　りょうしん　 4　きょうだい

❷ うちへ かえって、しゅくだいを （　　　　）。
　　 1　ならいます　 2　します　　　　 3　やすみます　 4　でます

❸ わたしの あには せが （　　　　）です。
　　 1　たかい　　　　 2　おおい　　　　 3　ひろい　　　 4　ながい

❹ A 「おこさんは （　　　　）ですか。」
　 B 「１０さいです。」
　　 1　どう　　　　　 2　どれ　　　　　 3　いくつ　　　 4　いくら

❺ この ふくは えきの まえの （　　　　）で かいました。
　　 1　コート　　　　 2　カード　　　　 3　ホーム　　　 4　デパート

1 2 3 4 5 6 7 8 9 10 11 12 13 14 15 特訓

もんだい4 ＿＿の ぶんと だいたい おなじ いみの ぶんを ひとつ えらんで ください。

❶ あの かみの ながい ひとは どなたですか。
　　 1　あの かみの ながい ひとは いつですか。
　　 2　あの かみの ながい ひとは どこですか。
　　 3　あの かみの ながい ひとは だれですか。
　　 4　あの かみの ながい ひとは どれですか。

❷ きょうは かぜが つめたいです。
　　 1　きょうは あついです。
　　 2　きょうは さむいです。
　　 3　きょうは あたたかいです。
　　 4　きょうは すずしいです。

第2回

⏱ 10分　　/16

もんだい1　＿＿の ことばは ひらがなで どう かきますか。ひとつ えらんで ください。

❶ わたしは くるまの 会社で はたらいて います。

　　１　かいしゃ　　２　がいしゃ　　３　かいじゃ　　４　がいじゃ

❷ いちねん 前に ちゅうごくへ いきました。

　　１　あと　　　　２　まえ　　　　３　せん　　　　４　ぜん

❸ まいにち ９じごろ おふろに 入ります。

　　１　いり　　　　２　いいり　　　３　はり　　　　４　はいり

❹ 新しい パソコンを かいたいです。

　　１　あだらしい　２　あたらしい　３　しんしい　　４　じんしい

❺ にほんの がっこうは 四月に はじまります。

　　１　よがつ　　　２　よんがつ　　３　しがつ　　　４　しんがつ

もんだい2　＿＿の ことばは どう かきますか。ひとつ えらんで ください。

❶ じかんが ありません。はやく いきましょう。

　　１　時聞　　　　２　時門　　　　３　時間　　　　４　時問

❷ あついです。えあこんを つけて ください。

　　１　ニアコン　　２　エアコン　　３　エアコソ　　４　ニアコソ

❸ こんしゅうは とても いそがしいです。

　　１　今週　　　　２　本週　　　　３　先週　　　　４　来週

❹ ここに なまえを かいて ください。

　　１　画いて　　　２　絵いて　　　３　写いて　　　４　書いて

もんだい3　（　）に　なにが　はいりますか。いちばん　いい　ものを　ひとつ　えらんで　ください。

❶ きのう　とった　（　　　　）を　みせて　ください。

　　１　え　　　　　　　２　しゃしん　　　３　おんがく　　　４　うた

❷ くろい　かさを　（　　　　）いる　ひとが　ワンさんです。

　　１　おして　　　　　２　あげて　　　　３　だして　　　　４　さして

❸ この　こうえんは　はなが　たくさん　あって　（　　　　）です。

　　１　きれい　　　　　２　げんき　　　　３　しずか　　　　４　べんり

❹ ごご７じです。（　　　　）ちちが　かえって　きます。

　　１　だんだん　　　２　もうすぐ　　　３　さきに　　　　４　ごろ

❺ Ａ「これから、よろしく　おねがいします。」
　 Ｂ「（　　　　）。」

　　１　はい、そうです　　　　　　　　２　どういたしまして
　　３　では、また　　　　　　　　　　４　こちらこそ

もんだい4　＿＿の　ぶんと　だいたい　おなじ　いみの　ぶんを　ひとつ　えらんで　ください。

❶ なかむらさんは　いつも　いい　とけいを　して　います。

　　１　なかむらさんは　いつも　いい　とけいを　かぶって　います。
　　２　なかむらさんは　いつも　いい　とけいを　はいて　います。
　　３　なかむらさんは　いつも　いい　とけいを　かけて　います。
　　４　なかむらさんは　いつも　いい　とけいを　つけて　います。

❷ この　くるまは　おととし　かいました。

　　１　この　くるまは　３ねんまえに　かいました。
　　２　この　くるまは　２ねんまえに　かいました。
　　３　この　くるまは　みっかまえに　かいました。
　　４　この　くるまは　ふつかまえに　かいました。

11

第3回

10分　/16

もんだい1　＿の ことばは ひらがなで どう かきますか。ひとつ えらんで ください。

❶ さむくて、耳が あかく なっています。

　　１ て　　　　　２ め　　　　　３ くち　　　　　４ みみ

❷ この はしは とても 長いです。

　　１ ながい　　　２ ふるい　　　３ くらい　　　４ ひくい

❸ スーパーに やさいを 買いに いきます。

　　１ はい　　　　２ たい　　　　３ まい　　　　４ かい

❹ まいあさ 七時に おきます。

　　１ ししじ　　　２ しちじ　　　３ ななじ　　　４ なんじ

❺ この レストランは 外国の かたが おおいです。

　　１ かいこく　　２ かいごく　　３ がいこく　　４ がいごく

もんだい2　＿の ことばは どう かきますか。ひとつ えらんで ください。

❶ １かげつに なんかい スポーツを しますか。

　　１ 週　　　　　２ 月　　　　　３ 日　　　　　４ 年

❷ この ぼうしは さんぜんえんです。

　　１ 百　　　　　２ 万　　　　　３ 十　　　　　４ 千

❸ あさ おきてから しゃわーを あびます。

　　１ シャワー　　２ シャクー　　３ シュワー　　４ シュクー

❹ きょうの ごごは しごとを やすみます。

　　１ 午前　　　　２ 上前　　　　３ 午後　　　　４ 下後

もんだい3 （　）に なにが はいりますか。いちばん いい ものを ひとつ えらんで ください。

❶ きょうは （　　　　　） が あおくて、きれいです。
　　１　てんき　　　　２　そら　　　　　　３　はれ　　　　　４　かぜ

❷ だいがくせいの （　　　　　）、よく りょこうに いきました。
　　１　すぎ　　　　　２　ぐらい　　　　　３　とき　　　　　４　ちょうど

❸ こどもは （　　　　　） を のんでは いけません。
　　１　ビール　　　　２　ジュース　　　　３　スープ　　　　４　ミルク

❹ この セーターは とても （　　　　　） です。
　　１　にがい　　　　２　せまい　　　　　３　やさしい　　　４　あたたかい

❺ ねる まえに はを （　　　　　）。
　　１　あらいます　　２　みがきます　　　３　とります　　　４　そうじします

もんだい4 ＿＿の ぶんと だいたい おなじ いみの ぶんを ひとつ えらんで ください。

❶ いえの むかいに コンビニが あります。
　　１　いえの 前に コンビニが あります。
　　　　　　　まえ
　　２　いえの 後ろに コンビニが あります。
　　　　　　　うし
　　３　いえの となりに コンビニが あります。
　　４　いえの よこに コンビニが あります。

❷ この いすは じょうぶ です。
　　１　この いすは ひろい です。
　　２　この いすは つよい です。
　　３　この いすは かわいい です。
　　４　この いすは みじかい です。

第4回

10分　　/16

もんだい1　＿＿の ことばは ひらがなで どう かきますか。ひとつ えらんで ください。

❶ わたしは 毎日 コーヒーを のみます。
　　１ めいひ　　　　２ めいにち　　　３ まいひ　　　４ まいにち

❷ こんげつは あめの ひが 少ないです。
　　１ すない　　　　２ すくない　　　３ しょない　　　４ しょうない

❸ この うたを 百かい ききました。
　　１ ひゃ　　　　　２ ひゃん　　　　３ ひゃく　　　　４ ひゃっ

❹ がっこうで ともだちと 話します。
　　１ わなし　　　　２ われし　　　　３ はなし　　　　４ はれし

❺ いえの そばに ちいさい 川が あります。
　　１ かわ　　　　　２ はし　　　　　３ やま　　　　　４ はな

もんだい2　＿＿の ことばは どう かきますか。ひとつ えらんで ください。

❶ たなかさんは あかい ふくが すきです。
　　１ 青い　　　　　２ 赤い　　　　　３ 白い　　　　　４ 黒い

❷ まいばん テレビで にゅーすを みます。
　　１ ニュース　　　２ ニューヌ　　　３ エューフ　　　４ エューワ

❸ えきの きたに びょういんが あります。
　　１ 西　　　　　　２ 東　　　　　　３ 北　　　　　　４ 南

❹ みちに ごみを すてないで ください。
　　１ 運　　　　　　２ 送　　　　　　３ 進　　　　　　４ 道

もんだい3 （　）に なにが はいりますか。いちばん いい ものを ひとつ えらんで ください。

❶ カフェで ともだちを 30ぷん（　　　）が、きませんでした。
　１ まちました　２ いました　　３ はらいました　４ あいました

❷ わたしの やすみは にちようび（　　　）です。
　１ よく　　　　　２ ころ　　　　　３ だけ　　　　　４ もっと

❸ わたしは スポーツが（　　　）です。
　１ まじめ　　　２ きらい　　　３ にぎやか　　　４ たいへん

❹ エアコンを（　　　）ください。
　１ つけて　　　２ とって　　　３ あけて　　　４ して

❺ せんせいは いつも くろい（　　　）を はいて います。
　１ めがね　　　２ ぼうし　　　３ ネクタイ　　　４ ズボン

もんだい4 ＿＿の ぶんと だいたい おなじ いみの ぶんを ひとつ えらんで ください。

❶ まどの かぎを しめて ください。
　１ まどの かぎを いれて ください。
　２ まどの かぎを つけて ください。
　３ まどの かぎを おいて ください。
　４ まどの かぎを かけて ください。

❷ あの えいがは すごく おもしろいです。
　１ あの えいがは とても おもしろいです。
　２ あの えいがは 少し おもしろいです。
　３ あの えいがは ちょっと おもしろいです。
　４ あの えいがは だいたい おもしろいです。

15

第5回

10分 /16

もんだい1 ___の ことばは ひらがなで どう かきますか。ひとつ えらんで ください。

❶ いつ にほんへ 来ましたか。

１ くました　　２ ぐました　　３ きました　　４ ぎました

❷ この みせは 月ようびは やすみです。

１ かつ　　２ がつ　　３ けつ　　４ げつ

❸ わたしの くにまで ひこうきで 九じかん かかります。

１ ぐ　　２ く　　３ きゅう　　４ ぎゅう

❹ あの 男の ひとを しって いますか。

１ おとこ　　２ おどこ　　３ おとご　　４ おどご

❺ この スーパーは ゆうがたから 安く なります。

１ やずく　　２ やすく　　３ あずく　　４ あすく

もんだい2 ___の ことばは どう かきますか。ひとつ えらんで ください。

❶ いっしゅうかんに ２かい としょかんへ いきます。

１ 去き　　２ 行き　　３ 回き　　４ 走き

❷ とても おおきい くるまですね。

１ 大きい　　２ 犬きい　　３ 天きい　　４ 夫きい

❸ たかい びるが たくさん あります。

１ デル　　２ デリ　　３ ビル　　４ ビリ

❹ へやの でんきが つきません。

１ 雪気　　２ 雲気　　３ 雷気　　４ 電気

もんだい3 （　）に なにが はいりますか。いちばん いい ものを ひとつ えらんで ください。

❶ テレビの （　　　） を ちいさく して ください。

　　１　おと　　　　　２　こえ　　　　　３　かぜ　　　　　４　くち

❷ かようびと きんようびに ごみを （　　　）。

　　１　おきます　　　２　もちます　　　３　いれます　　　４　すてます

❸ この みちは くるまが おおくて （　　　） です。

　　１　くらい　　　　２　あぶない　　　３　まずい　　　　４　とおい

❹ この たてものには （　　　） が ありません。

　　１　テスト　　　　２　スーツ　　　　３　コンサート　　４　エレベーター

❺ あしたの （　　　） ともだちと あいます。

　　１　けさ　　　　　２　ゆうべ　　　　３　ゆうがた　　　４　おととい

もんだい4 ＿＿の ぶんと だいたい おなじ いみの ぶんを ひとつ えらんで ください。

❶ この みせは せまい です。

　　１　この みせは しんせつでは ないです。
　　２　この みせは ゆうめいでは ないです。
　　３　この みせは ひろく ないです。
　　４　この みせは おいしく ないです。

❷ あとで メールを だします。

　　１　あとで メールを とります。
　　２　あとで メールを おくります。
　　３　あとで メールを よびます。
　　４　あとで メールを はらいます。

第6回

10分 /16

もんだい1 ___の ことばは ひらがなで どう かきますか。ひとつ えらんで ください。

❶ きのう 魚を たべました。

　　１　にく　　　　　２　たまご　　　　３　さかな　　　　４　こめ

❷ この かばんは 大きいです。

　　１　おきい　　　　２　おうきい　　　３　おっきい　　　４　おおきい

❸ うちの 前に ねこが います。

　　１　まえ　　　　　２　なか　　　　　３　そと　　　　　４　よこ

❹ かぞくは 四にんです。

　　１　し　　　　　　２　よ　　　　　　３　よん　　　　　４　よう

❺ こうえんに 花が あります。

　　１　はな　　　　　２　き　　　　　　３　みず　　　　　４　みせ

もんだい2 ___の ことばは どう かきますか。ひとつ えらんで ください。

❶ リンさんは がくせいです。

　　１　字生　　　　　２　学生　　　　　３　字先　　　　　４　学先

❷ まいあさ コーヒーを のみます。

　　１　毎朝　　　　　２　毎昼　　　　　３　毎晩　　　　　４　毎夜

❸ この かわは きれいですね。

　　１　山　　　　　　２　水　　　　　　３　海　　　　　　４　川

❹ この パソコンは ふるいです。

　　１　古い　　　　　２　高い　　　　　３　安い　　　　　４　小い

もんだい3　（　）に　なにが　はいりますか。いちばん　いい　ものを　ひとつ　えらんで　ください。

❶ わたしは　（　　　　）　テレビを　みました。

　　1　あした　　　　　2　ゆうべ　　　　　3　あさって　　　4　まいにち

❷ まいにち　シャワーを　（　　　　　）。

　　1　はいります　　2　あびます　　　3　とります　　　4　もちます

❸ その　（　　　　）　かばんは　わたしのです。

　　1　くらい　　　　　2　くろい　　　　3　あまい　　　　4　つよい

❹ わたしは　21さいです。（　　　　　）は　22さいです。

　　1　いもうと　　　2　おとうと　　　3　あね　　　　　4　りょうしん

❺ たまごを　2（　　　　）　たべます。

　　1　まい　　　　　2　だい　　　　　3　ほん　　　　　4　こ

もんだい4　＿＿の　ぶんと　だいたい　おなじ　いみの　ぶんを　ひとつ　えらんで　ください。

❶ けさ　せんたくしました。

　　1　きのう　ふくを　あらいました。
　　2　きのう　ふくを　かいました。
　　3　きょうの　あさ　ふくを　あらいました。
　　4　きょうの　あさ　ふくを　かいました。

❷ わたしは　いぬが　こわいです。

　　1　わたしは　いぬが　きらいです。
　　2　わたしは　いぬが　すきです。
　　3　わたしは　いぬが　きらいじゃありません。
　　4　わたしは　いぬが　だいすきです。

第7回

⏱ 10分　/16

もんだい1　＿＿の ことばは ひらがなで どう かきますか。ひとつ えらんで ください。

❶ いま 九じです。

1　しち　　　　2　なな　　　　3　きゅう　　　　4　く

❷ あしたは 土ようびです。

1　か　　　　2　すい　　　　3　きん　　　　4　ど

❸ たんじょうびは 何月何日ですか。

1　なんがつなんにち　　　　2　なんにちなんがつ
3　いつ　　　　4　なんげつなんにち

❹ いま 午後1じです。

1　あさ　　　　2　ひる　　　　3　ごぜん　　　　4　ごご

❺ たなかさんは 大学生です。

1　しょうがくせい　　　　2　こうこうせい
3　だいがくせい　　　　4　だいがっこう

もんだい2　＿＿の ことばは どう かきますか。ひとつ えらんで ください。

❶ いろいろな みせが あります。

1　屋　　　　2　店　　　　3　社　　　　4　校

❷ あかい くつを かいました。

1　白い　　　　2　黒い　　　　3　青い　　　　4　赤い

❸ えきの みなみに スーパーが あります。

1　北　　　　2　南　　　　3　西　　　　4　東

❹ まいあさ みるくを のみます。

1　シルク　　　　2　シリワ　　　　3　ミルク　　　　4　ミリワ

もんだい3　（　）に なにが はいりますか。いちばん いい ものを ひとつ えらんで ください。

❶ きのう （　　　　） すしを たべました。

　　１ ときどき　　　２ いつも　　　　　３ はじめて　　　４ あとで

❷ えきで せんせいに （　　　　）。

　　１ あいました　　２ みました　　　３ まちました　　４ いいました

❸ きょうは かぜが （　　　）です。

　　１ おおきい　　　２ ちいさい　　　３ つよい　　　　４ たかい

❹ コーヒーに （　　　）を いれます。

　　１ コップ　　　　２ さとう　　　　３ きっぷ　　　　４ めいし

❺ この りょうりは （　　　）ですが、おいしいです。

　　１ すっぱい　　　２ まずい　　　　３ おいしくない　４ きらい

もんだい4　＿＿の ぶんと だいたい おなじ いみの ぶんを ひとつ えらんで ください。

❶ リンさんは おてあらいに います。

　　１ リンさんは トイレへ いきました。
　　２ リンさんは レストランへ いきました。
　　３ リンさんは きっさてんへ いきました。
　　４ リンさんは じむしょへ いきました。

❷ ９じから ５じまで はたらきます。

　　１ ９じから ５じまで しごとを します。
　　２ ９じから ５じまで べんきょうします。
　　３ ９じから ５じまで やすみます。
　　４ ９じから ５じまで ねます。

第8回
だい　かい

10分　　　/16

もんだい1 ＿＿の ことばは ひらがなで どう かきますか。ひとつ えらんで ください。

❶ いま　よじ 半です。

　　1　ぱん　　　　　　2　ばん　　　　　　3　ぽん　　　　　　4　はん

❷ 出口は　あそこです。

　　1　いりぐち　　　2　でぐち　　　　　3　うけつけ　　　4　かいしゃ

❸ 新聞を　よみます。

　　1　ニュース　　　2　ざっし　　　　　3　きょうかしょ　4　しんぶん

❹ 足が　いたいです。

　　1　あし　　　　　2　みみ　　　　　　3　て　　　　　　　4　め

❺ 外国へ　いきたいです。

　　1　かいがい　　　2　タイ　　　　　　3　かんこく　　　4　がいこく

もんだい2 ＿＿の ことばは どう かきますか。ひとつ えらんで ください。

❶ あねは　がくせいです。

　　1　姉　　　　　　2　兄　　　　　　　3　妹　　　　　　　4　弟

❷ こんしゅうは　いそがしいです。

　　1　今週　　　　　2　来週　　　　　　3　今月　　　　　　4　来月

❸ きのう　あめが　ふりました。

　　1　空　　　　　　2　天　　　　　　　3　雨　　　　　　　4　西

❹ ないふで　パンを　きります。

　　1　ライフ　　　　2　ナイフ　　　　　3　ライス　　　　　4　ナイス

もんだい3 （ ）に なにが はいりますか。いちばん いい ものを ひとつ えらんで ください。

❶ めがねを （   ）。

　　１　かぶります　　２　はきます　　　３　ぬぎます　　　４　かけます

❷ （   ）で おかねを はらいます。

　　１　ねだん　　　　２　レジ　　　　　３　サービス　　　４　ボタン

❸ （   ）にほんごが わかります。

　　１　ちょっと　　２　ちょうど　　３　ゆっくり　　４　たいへん

❹ （   ）で やさいを かいます。

　　１　はなや　　　２　おてら　　　３　びょういん　　４　やおや

❺ とりが （   ）を とんで います。

　　１　うみ　　　　２　いけ　　　　３　そら　　　　４　くも

もんだい4 ＿＿の ぶんと だいたい おなじ いみの ぶんを ひとつ えらんで ください。

❶ ひとが おおぜい います。

　　１　ひとが すこし います。
　　２　ひとが すくないです。
　　３　ひとが たいへんです。
　　４　ひとが おおいです。

❷ やまださんは フランスごが できます。

　　１　やまださんは フランスごが すきです。
　　２　やまださんは フランスごの きょうしです。
　　３　やまださんは フランスごが わかります。
　　４　やまださんは フランスごが へたです。

第9回

10分　　/16

もんだい1　＿＿の ことばは ひらがなで どう かきますか。ひとつ えらんで ください。

❶ かさが <u>三本</u> あります。

　　1　さんほん　　2　さんぼん　　3　さんぽん　　4　さんぱん

❷ ここから うちまで <u>三十分</u> かかります。

　　1　さんじゅうぷん　　　　　2　さんじゅうふん
　　3　さんじゅっぷん　　　　　4　さんじゅうぷん

❸ わたしの <u>国</u>は あついです。

　　1　まち　　　　2　しま　　　　3　こく　　　　4　くに

❹ <u>先月</u> にほんへ きました。

　　1　せんげつ　　2　こんげつ　　3　せんがつ　　4　こんがつ

❺ たんじょう<u>日</u>は いつですか。

　　1　にち　　　　2　ひ　　　　3　び　　　　4　ぴ

もんだい2　＿＿の ことばは どう かきますか。ひとつ えらんで ください。

❶ がくせいが <u>ひゃくにん</u> います。

　　1　貝人　　　2　白人　　　3　百人　　　4　頁人

❷ スーパーと コンビニの <u>あいだに</u> こうえんが あります。

　　1　間　　　　2　中　　　　3　前　　　　4　後

❸ わたしは <u>げんき</u>です。

　　1　天気　　　2　元気　　　3　天汽　　　4　元汽

❹ ひとが <u>すくない</u>です。

　　1　小ない　　2　小くない　　3　少ない　　4　少くない

もんだい3 （　）に なにが はいりますか。いちばん いい ものを ひとつ えらんで ください。

❶（　　　）が たかいですから、かいません。

　　１　おかね　　　２　さいふ　　　３　かいもの　　　４　ねだん

❷（　　　）で ほんを かります。

　　１　としょかん　２　たいしかん　３　えいがかん　４　びじゅつかん

❸あの（　　　）を まがって ください。

　　１　はし　　　　２　のりば　　　３　かど　　　　４　いりぐち

❹まどを（　　　）ください。

　　１　しめて　　　２　けして　　　３　とまって　　　４　おりて

❺すきな（　　　）は サッカーです。

　　１　ドラマ　　　２　レポート　　　３　コンサート　　　４　スポーツ

もんだい4 ＿＿の ぶんと だいたい おなじ いみの ぶんを ひとつ えらんで ください。

❶じゅぎょうを うけます。

　　１　じゅぎょうを します。
　　２　じゅぎょうに でます。
　　３　じゅぎょうを やめます。
　　４　じゅぎょうを あげます。

❷リンさんは くるまの かいしゃに つとめて います。

　　１　リンさんは くるまの かいしゃで はたらいて います。
　　２　リンさんは くるまの かいしゃに でたいです。
　　３　リンさんは くるまの かいしゃに とまって います。
　　４　リンさんは くるまの かいしゃの しゃちょうです。

第10回
だい　かい

10分　/16

もんだい1　＿＿の　ことばは　ひらがなで　どう　かきますか。ひとつ　えらんで　ください。

❶ 病気に　なりました。
　　１　かぜ　　　　　２　びょうき　　　３　げんき　　　４　ねつ

❷ こうえんに　木の　いすが　あります。
　　１　はな　　　　　２　てつ　　　　　３　もく　　　　４　き

❸ 切手を　はります。
　　１　きりで　　　　２　きりて　　　　３　きって　　　４　きつて

❹ また　あした　電話します。
　　１　でんわ　　　　２　れんらく　　　３　でんごん　　４　はなし

❺ 外国へ　いった　ことが　ありません。
　　１　がいごく　　　２　かいごく　　　３　がいこく　　４　かいこく

もんだい2　＿＿の　ことばは　どう　かきますか。ひとつ　えらんで　ください。

❶ わたしは　にほんじんの　ともだちが　ほしいです。
　　１　人　　　　　　２　入　　　　　　３　大　　　　　４　犬

❷ かぜが　つよいです。
　　１　弱い　　　　　２　強い　　　　　３　大い　　　　４　小い

❸ ちょっと　きもちが　わるいです。
　　１　気待ち　　　　２　気侍ち　　　　３　気持ち　　　４　気時ち

❹ リンさんは　りょうりが　じょうずです。
　　１　上下　　　　　２　上手　　　　　３　下手　　　　４　下上

もんだい3 （　）に なにが はいりますか。いちばん いい ものを ひとつ えらんで ください。

❶ あした レポートを （　　　　）。
　　１　しつもんします　　　　　　　　２　ならいます
　　３　わかります　　　　　　　　　　４　だします

❷ （　　　　） この みせで かいものします。
　　１　たいへん　　　２　とても　　　　３　あまり　　　　４　よく

❸ （　　　　） で かいものします。
　　１　カード　　　　２　サービス　　　３　コート　　　　４　ボタン

❹ この かわの （　　　　） に えきが あります。
　　１　なか　　　　　２　あいだ　　　　３　ちかい　　　　４　むこう

❺ デザートを （　　　　）。
　　１　かります　　　　　　　　　　　　２　ちゅうもんします
　　３　みがきます　　　　　　　　　　４　かけます

もんだい4 ＿＿の ぶんと だいたい おなじ いみの ぶんを ひとつ えらんで ください。

❶ ともだちと しょくじします。
　　１　ともだちと かいものします。
　　２　ともだちと りょこうします。
　　３　ともだちと ごはんを たべます。
　　４　ともだちと おさけを のみます。

❷ わたしは くだものが だいすきです。
　　１　わたしは くだものが すこし すきです。
　　２　わたしは くだものが すごく すきです。
　　３　わたしは くだものが ちょっと すきです。
　　４　わたしは くだものが すきではありません。

第11回
だい　　かい

⏱ 10分　　/16

もんだい1　＿＿の ことばは ひらがなで どう かきますか。ひとつ えらんで ください。

❶ いま、午前 10じです。

　1 こせん　　　　2 こぜん　　　　3 ごせん　　　　4 ごぜん

❷ バスに 乗って、かえりました。

　1 はしって　　　2 のって　　　　3 いって　　　　4 かって

❸ きのう、母と でかけました。

　1 はは　　　　　2 ちち　　　　　3 あね　　　　　4 おとうと

❹ 電車で がっこうに かよって います。

　1 てんしゃ　　　2 でんしゃ　　　3 てんじゃ　　　4 でんじゃ

❺ あした いっしょに 行きませんか。

　1 はきませんか　　　　　　　　　2 かきませんか
　3 ききませんか　　　　　　　　　4 いきませんか

もんだい2　＿＿の ことばは どう かきますか。ひとつ えらんで ください。

❶ そこを ひだりに まがって ください。

　1 右　　　　　　2 左　　　　　　3 友　　　　　　4 名

❷ いもうとは まだ ちいさいです。

　1 小さい　　　　2 少さい　　　　3 大さい　　　　4 太さい

❸ わたしの なまえは かわもとです。

　1 夕後　　　　　2 夕前　　　　　3 名後　　　　　4 名前

❹ ともだちと えいがを みました。

　1 友だち　　　　2 有だち　　　　3 右だち　　　　4 左だち

もんだい3 （　）に なにが はいりますか。いちばん いい ものを ひとつ えらんで ください。

❶ その ボタンを （　　　） ください。

　　１ かぶって　　　２ おして　　　　３ まって　　　　４ まがって

❷ かんたんな かんじを すこし （　　　）。

　　１ つかれました　　　　　　　　２ やすみました
　　３ まがりました　　　　　　　　４ おぼえました

❸ バスが （　　　） です。まだ きません。

　　１ おそい　　　　２ せまい　　　　３ おもい　　　　４ わるい

❹ たなかさんは いつも （　　　） を かぶっています。

　　１ てぶくろ　　　２ ぼうし　　　　３ スカート　　　４ くつ

❺ あの （　　　） の ５かいに わたしの かいしゃが あります。

　　１ テーブル　　　２ ビル　　　　　３ ドア　　　　　４ スポーツ

もんだい4 ___の ぶんと だいたい おなじ いみの ぶんを ひとつ えらんで ください。

❶ あした １０じはんに えきで あいましょう。

　　１ あした １０じ３０ぷんに えきで あいましょう。
　　２ あした １０じまえに えきで あいましょう。
　　３ あした １０じごろに えきで あいましょう。
　　４ あした １０じ １０ぷんまえに えきで あいましょう。

❷ きょうは とても てんきが いいです。

　　１ きょうは はれです。
　　２ きょうは あめです。
　　３ きょうは くもりです。
　　４ きょうは ゆきです。

第12回

10分　　/16

もんだい1　＿＿の　ことばは　ひらがなで　どう　かきますか。ひとつ　えらんで　ください。

❶ わたしは　にほんに　きて　三年です。

　　1　さんねん　　　2　ごねん　　　　3　はちねん　　　4　きゅうねん

❷ ちょっと　水を　のみたいです。

　　1　かみ　　　　　2　みず　　　　　3　すい　　　　　4　はな

❸ むすめは　七月に　うまれました。

　　1　にがつ　　　　2　しがつ　　　　3　ごがつ　　　　4　しちがつ

❹ まいばん　へやで　聞きます。

　　1　ききます　　　2　かきます　　　3　あるきます　　4　はきます

❺ わたしの　会社は　あそこです。

　　1　かいしゃ　　　2　がいしゃ　　　3　かいじゃ　　　4　がいじゃ

もんだい2　＿＿の　ことばは　どう　かきますか。ひとつ　えらんで　ください。

❶ あたらしい　かばんを　かいました。

　　1　動しい　　　　2　働しい　　　　3　親しい　　　　4　新しい

❷ あしたは　しごとが　やすみです。

　　1　木み　　　　　2　本み　　　　　3　休み　　　　　4　体み

❸ ちちは　50さいです。

　　1　父　　　　　　2　母　　　　　　3　兄　　　　　　4　姉

❹ どようびは　がっこうに　いきません。

　　1　学高　　　　　2　学校　　　　　3　宇高　　　　　4　宇校

30

もんだい3 （　）に なにが はいりますか。いちばん いい ものを ひとつ えらんで ください。

❶ この うたは とても （　　　　） です。みんな しって います。

　１ あまい　　　　２ べんり　　　　３ にぎやか　　　４ ゆうめい

❷ あさ、りんごの （　　　　） を のみました。

　１ ケーキ　　　　２ レポート　　　３ メール　　　　４ ジュース

❸ かれは わたしの しつもんに （　　　　）。

　１ かきませんでした　　　　　　２ ききませんでした
　３ わかりませんでした　　　　　４ こたえませんでした

❹ わたしは （　　　　） が へたですから、カラオケは すきじゃ ありません。

　１ うた　　　　２ あめ　　　　３ ふく　　　　４ にく

❺ あっ！ さいふを （　　　　）。なにも かえません。

　１ わすれました　２ きえました　３ かけました　４ おわりました

もんだい4 ___の ぶんと だいたい おなじ いみの ぶんを ひとつ えらんで ください。

❶ おととい きょうとへ いきました。

　１ きのう きょうとへ いきました。
　２ ふつかまえ きょうとへ いきました。
　３ せんしゅう きょうとへ いきました。
　４ ２かげつまえ きょうとへ いきました。

❷ きょうは しごとが いそがしいです。

　１ きょうは しごとが わかりません。
　２ きょうは しごとが すくないです。
　３ きょうは しごとが いやです。
　４ きょうは しごとが ひまじゃ ありません。

第13回

10分 /16

もんだい1 ___の ことばは ひらがなで どう かきますか。ひとつ えらんで ください。

❶ おはようございます。きょうは 早いですね。

　　1　あつい　　　　2　はやい　　　　3　さむい　　　　4　おそい

❷ すみません。いま、何時ですか。

　　1　なんじ　　　　2　なんぷん　　　　3　なんがつ　　　　4　なんにち

❸ ちょっと 書いて ください。

　　1　あるいて　　　2　きいて　　　　3　はたらいて　　4　かいて

❹ あしたは 雨です。

　　1　いや　　　　　2　あめ　　　　　3　ひま　　　　　4　はれ

❺ みかんが 六つ あります。

　　1　みっつ　　　　2　よっつ　　　　3　むっつ　　　　4　やっつ

もんだい2 ___の ことばは どう かきますか。ひとつ えらんで ください。

❶ わたしは こどもが ふたり います。

　　1　孔ども　　　　2　仔ども　　　　3　了ども　　　　4　子ども

❷ おかねが よんじゅうえん たりませんでした。

　　1　四十円　　　　2　四千同　　　　3　八千円　　　　4　八十同

❸ あねに こっぷを もらいました。

　　1　コップ　　　　2　コッブ　　　　3　ロップ　　　　4　ロッブ

❹ ひとが おおいですね。

　　1　高い　　　　　2　多い　　　　　3　少い　　　　　4　古い

もんだい3 （ ）に なにが はいりますか。いちばん いい ものを ひとつ えらんで ください。

❶ そこを ひだりに （　　　） ください。ぎんこうが ありますよ。

　　１　あらって　　　２　おして　　　　３　まがって　　　４　ねて

❷ この レストランは、（　　　） おんなの ひとが おおいです。

　　１　あおい　　　　２　たかい　　　　３　あたらしい　　４　わかい

❸ えいがの （　　　） を ２まい かいました。

　　１　コーヒー　　　２　ノート　　　　３　コンサート　　４　チケット

❹ この かんじの かき かたは ちょっと （　　　） よ。

　　１　ちがいます　　　　　　　　　　２　はたらきます
　　３　はいります　　　　　　　　　　４　たちます

❺ ふうとうに きってを （　　　） ください。

　　１　うって　　　　２　かいて　　　　３　もって　　　　４　はって

もんだい4 ＿＿の ぶんと だいたい おなじ いみの ぶんを ひとつ えらんで ください。

❶ まいにち ミルクを のみます。

　　１　まいにち おさけを のみます。
　　２　まいにち みずを のみます。
　　３　まいにち ぎゅうにゅうを のみます。
　　４　まいにち おちゃを のみます。

❷ わたしは ジュースが きらいです。

　　１　わたしは ジュースが すきです。
　　２　わたしは ジュースが ほしいです。
　　３　わたしは ジュースが すきじゃ ありません。
　　４　わたしは ジュースが ほしくないです。

第14回

10分 　　/16

もんだい1 ＿＿の ことばは ひらがなで どう かきますか。ひとつ えらんで ください。

❶ こちらは ひとつ 三百円です。

　　1　さんひゃくえん　　　　　　2　さんびゃくえん
　　3　みひゃくえん　　　　　　　4　みびゃくえん

❷ パスポートは かばんの 中に あります。

　　1　なか　　　　　2　うえ　　　　　3　した　　　　　4　うしろ

❸ あの えを 知って いますか。

　　1　もって　　　　2　しって　　　　3　かって　　　　4　まって

❹ こどもが 二人 います。

　　1　ひとり　　　　2　ふたり　　　　3　しちにん　　　4　きゅうにん

❺ 教室に だれも いません。

　　1　きょしつ　　　2　きょうしつ　　3　きょっしつ　　4　きょっじつ

もんだい2 ＿＿の ことばは どう かきますか。ひとつ えらんで ください。

❶ ははに ろくせんえん もらいました。

　　1　六先円　　　　2　九千円　　　　3　六千円　　　　4　九先同

❷ わたしの へやの まどは ひがしに あります。

　　1　東　　　　　2　西　　　　　3　北　　　　　4　南

❸ あの すーぱーは やすいです。

　　1　スーパー　　　2　スーペー　　　3　ヌーパー　　　4　ヌーペー

❹ なつやすみは ながいです。

　　1　短い　　　　2　安い　　　　3　高い　　　　4　長い

もんだい3　（　　）に　なにが　はいりますか。いちばん　いい　ものを　ひとつ　えらんで　ください。

❶ この　ケーキは　とても　（　　　　）　ですから、たくさん　たべたいです。

　　１　はやい　　　　　２　おいしい　　　３　つまらない　　４　うるさい

❷ まいにち　4じかん　レストランで　（　　　　）　を　します。

　　１　テーブル　　　　２　ビール　　　　３　チョコレート　4　アルバイト

❸ めが　わるいですから、めがねを　（　　　　）。

　　１　きます　　　　　２　かけます　　　３　つけます　　　４　かぶります

❹ きれいな　はなの　しゃしんを　（　　　　）。

　　１　わかりました　　　　　　　　　２　とりました
　　３　れんしゅうしました　　　　　　4　うまれました

❺ きのう　たくさん　あめが　（　　　　）。

　　１　とまりました　　　　　　　　　２　まちました
　　３　もちました　　　　　　　　　　4　ふりました

もんだい4　___の　ぶんと　だいたい　おなじ　いみの　ぶんを　ひとつ　えらんで　ください。

❶ なつは、よる7じでも　あかるいです。

　　１　なつは、よる7じでも　うれしいです。
　　２　なつは、よる7じでも　ひとが　おおいです。
　　３　なつは、よる7じでも　くらくないです。
　　4　なつは、よる7じでも　うるさくないです。

❷ まいにち　じぶんで　りょうりを　して　います。

　　１　まいにち　じぶんで　りょうりを　つくって　います。
　　２　まいにち　じぶんで　りょうりを　たべて　います。
　　３　まいにち　じぶんで　りょうりを　かって　います。
　　4　まいにち　じぶんで　りょうりを　うって　います。

第15回

⏱ 10分　/16

もんだい1 　___の ことばは ひらがなで どう かきますか。ひとつ えらんで ください。

❶ いえの 外に、ねこが います。
　　1　ほか　　　　2　そと　　　　3　なか　　　　4　うえ

❷ 五分 まえに つきました。
　　1　ごふん　　　2　ごぶん　　　3　こふん　　　4　こぶん

❸ あの 店に いきましょう。
　　1　へや　　　　2　まち　　　　3　みせ　　　　4　やま

❹ 白い かばんが ほしいです。
　　1　あかい　　　2　しろい　　　3　あおい　　　4　くろい

❺ すみません。ちょっと これを 読んで ください。
　　1　すんで　　　2　あそんで　　3　よんで　　　4　のんで

もんだい2 　___の ことばは どう かきますか。ひとつ えらんで ください。

❶ ひとりで かいものに いきました。
　　1　一人　　　　2　二人　　　　3　四人　　　　4　七人

❷ きょうは いい てんきですね。
　　1　大汽　　　　2　大気　　　　3　天汽　　　　4　天気

❸ いまから うちへ かえります。
　　1　今　　　　　2　上　　　　　3　中　　　　　4　西

❹ すみません。ちょっと これを みて ください。
　　1　見て　　　　2　目て　　　　3　足て　　　　4　兄て

もんだい3 （　）に なにが はいりますか。いちばん いい ものを ひとつ えらんで ください。

❶ もんだいの こたえが ぜんぜん わかりません。（　　　）。

　 １　こまりました　２　すてました　　３　でかけました　４　かぶりました

❷ まいあさ、バナナなどの （　　　　） を たべて います。

　 １　くだもの　　　２　ぎゅうにゅう　３　はがき　　　　４　にく

❸ きょうは しごとが いそがしかったですから、ちょっと （　　　）。

　 １　けっこんしました　　　　　　２　だしました
　 ３　つかれました　　　　　　　　４　たちました

❹ きのうの やまださんの （　　　　） は とても じょうずでした。

　 １　スピーチ　　　２　タクシー　　　３　メートル　　　４　ロビー

❺ そとが （　　　） です。あさですね。

　 １　ひろい　　　　２　あかるい　　　３　おおきい　　　４　いたい

もんだい4 ___の ぶんと だいたい おなじ いみの ぶんを ひとつ えらんで ください。

❶ わたしの うちの となりに ゆうびんきょくが あります。

　 １　わたしの うちの ちかくに ゆうびんきょくが あります。
　 ２　わたしの うちの うしろに ゆうびんきょくが あります。
　 ３　わたしの うちの まえに ゆうびんきょくが あります。
　 ４　わたしの うちの よこに ゆうびんきょくが あります。

❷ わたしは やまださんに じしょを かりました。

　 １　わたしは やまださんに じしょを かしました。
　 ２　わたしは やまださんに じしょを もらいました。
　 ３　やまださんは わたしに じしょを かしました。
　 ４　やまださんは わたしに じしょを もらいました。

テーマ別ミニ特訓講座
べつ　　　　とっくんこうざ

Mini-Courses Based on Themes ／ Khóa học mini theo chủ đề

1. 読み（漢字）
よ　　　　かんじ

Reading (Kanji) ／ Cách đọc (chữ Hán)

年	来年 らいねん	year / sang năm
	新しい 年 あたら　とし	year / năm mới
月	今月 こんげつ	month / tháng này
	7月 がつ	month / tháng 7
	毎月 まいつき	month / hàng tháng
週	先週 せんしゅう	week / tuần
日	毎日 まいにち	day / hàng ngày
	休みの 日 やす　　ひ	day / ngày nghỉ
時	何時 なんじ	hour / mấy giờ
分	何分 なんぷん	minute / mấy phút
半	半分 はんぶん	half / một nửa
午	午後 ごご	noon / buổi chiều
	午前 ごぜん	noon / buổi sáng

1

上	つくえの 上 うえ	on, up / trên bàn
下	いすの 下 した	under, down / dưới ghế
中	はこの 中 なか	in, inside / trong hộp
外	外国 がいこく	foreign / nước ngoài
	へやの 外 そと	out, outside / bên ngoài phòng
前	テストの 前 まえ	before, in front of / trước kì thi, trước nhà
	いえの 前 まえ	
後	しごとの 後 あと	after / sau khi làm xong
右	右手 みぎて	right / tay phải
左	左足 ひだりあし	left / chân trái

2

雨	雨が ふる あめ	rain / mưa rơi
雪	大雪 おおゆき	snow / tuyết lớn
気	天気 てんき	weather / thời tiết
	元気 げんき	vigor, energy / khỏe mạnh
読	本を 読む ほん　よ	read / đọc sách
書	はがきを 書く か	write / viết thiệp
聞	新聞 しんぶん	hear, listen / báo
	話を 聞く はなし　き	hear, listen / nghe chuyện
話	えいごを 話す はな	talk, speak / nói tiếng Anh
	おもしろい 話 はなし	story / câu chuyện thú vị

3

4

確認ドリル

① 本は、もう 半分 くらい 読みました。（a. はんぷん　b. はんぶん）
ほん　　　　　　　　　　　　よ

② テーブルの 下に ねこが います。（a. うえ　b. した）

③ 8日は？──その 日は いそがしくで、だめです。（a. ひ　b. にち）
か

④ 外は とても さむいです。（a. なか　b. そと）

⑤ もう 少し ゆっくり 話して ください。（a. はな　b. かえ）
すこ

⑥ えいがが はじまる 前に トイレに 行きます。（a. まえ　b. あと）
い

⑦ 今年の 冬は まだ 雪が ふって いません。（a. あめ　b. ゆき）
ことし　ふゆ

⑧ リサさんの 右の 女の 人は だれですか。（a. みぎ　b. ひだり）
おんな　ひと

⑨ 毎週、しゅくだいが あります。（a. まいしゅう　b. まいつき）

⑩ 大切な ことですから、よく 聞いて ください。（a. か　b. き）
たいせつ

2. 書き（漢字、カタカナ）

Writing (Kanji, Katakana)／Viết

1	山	ふじ山（さん） 高（たか）い 山（やま）	mountain núi
2	川	きれいな 川（かわ）	river sông
3	木	りんごの 木（き） 木（もく）よう 日（び）	wood cây Thursday thứ năm
4	花	花（はな）が さきます	flower hoa
5	新	新聞（しんぶん） 新（あたら）しい くつ	new mới
6	古	古（ふる）い ざっし	old cũ
7	高	高（たか）い ビル	high cao
8	安	安（やす）い ふく	cheap rẻ
9	学	学校（がっこう）、大学（だいがく）	study học
10	会	会社（かいしゃ） 友（とも）だちに 会（あ）います	meet gặp

11	電	電話（でんわ）、電気（でんき）	electric điện
12	車	電車（でんしゃ） 車（くるま）で 10分（ぶん）	car xe
13	道	広（ひろ）い 道（みち）	road đường

14	シャワー	シャワーを あびます	shower tắm
15	スプーン	スプーンで 食（た）べます	spoon thìa
16	ズボン	ズボンを はきます	trousers, pants quần
17	スリッパ	スリッパを はきます	slipper dép đi trong nhà
18	ベッド	ベッドで ねます	bed giường
19	ペット	ペットの しゃしん	pets vật nuôi trong nhà
20	ボールペン	ボールペンで 書（か）きます	ballpoint pen bút bi
21	レストラン	レストランで 食（た）べます	restaurant nhà hàng

確認ドリル

① 子（こ）どもたちが かわで あそんで います。（a.川　b.山）

② この みちを まっすぐ 行（い）って ください。（a.週　b.道）

③ 帰（かえ）って あつい しゃわーを あびたいです。（a.シャワー　b.チャワー）

④ えきの 前（まえ）に 大（おお）きな きが あります。（a.木　b.水）

⑤ あたらしい かばんを 使（つか）って います。（a.楽しい　b.新しい）

⑥ 出（で）かける ときに へやの でんきを けして ください。（a.電車　b.電気）

⑦ 彼（かれ）は いつも 白（しろ）い ずぼんを はいて います。（a.ズボン　b.ズボソ）

⑧ 毎日（まいにち） 9時半（じはん）に かいしゃに 行（い）きます。（a.高車　b.会社）

⑨ これで 600円（えん）ですか。やすいですね。（a.古い　b.安い）

⑩ くつを ぬいで、すりっぱを はいて ください。（a.スリッパ　b.フリッバ）

3. い形容詞
けいようし

1	多い おお	many nhiều	日本は　コンビニが　多いです。 に ほん　　　　　　　　　　　　　おお
2	近い ちか	near gần	ホテルは　えきから　近いです。 ちか
3	新しい あたら	new mới	この　店は　新しいです。 みせ　あたら
4	うるさい	noisy ồn ào	テレビの　音が　うるさいです。 おと
5	高い たか	high, expensive cao, đắt	弟は　せが　高いです。／高い　ふく おとうと　　　　たか　　　　　たか
6	遠い とお	far xa	くうこうは　ここから　遠いです。 とお
7	暗い くら	dark tối	外は　もう　暗いです。早く　帰りましょう。 そと　　　　くら　　　　はや　かえ
8	いそがしい	busy bận rộn	こんしゅうは　いそがしいです。
9	さむい	cold lạnh	今日は　さむいですから、コートを　着ます。 きょう　　　　　　　　　　　　　　　き
10	古い ふる	old cũ	これは　日本の　古い　しゃしんです。 に ほん　ふる

確認ドリル

① この　ホテルは　へやが　（ a.おおい　b.おもい ）です。

② うちの　（ a.近い　b.近く ）に　川が　あります。
　　　　　　　ちか　　　ちか　　　かわ

③ この　カメラは、（ a.新しい　b.新しく ）て　べんりです。
　　　　　　　　　あたら　　　あたら

④ きのう　となりの　へやが　（ a.うるさ　b.うるさい ）かったです。

⑤ この　レストランは　おいしいですが、少し　（ a.たかい　b.ひくい ）です。
　　　　　　　　　　　　　　　　　すこ

⑥ 大学は　えきから　ちょっと　（ a.みじかい　b.とおい ）です。
だいがく

⑦（ a.くらい　b.あかるい ）ですから、でんきを　つけて　ください。

⑧ 今日は　（ a.いそがしい　b.はやい ）ですから、パーティーへ　行けません。
きょう　　　　　　　　　　　　　　　　　　　　　　　　　　　　い

⑨ 今日は　ゆきが　ふっていて、とても　（ a.さむい　b.あつい ）です。
きょう

⑩ それは　1年　まえの　（ a.古い　b.新しい ）しんぶんです。
　　　　ねん　　　　　　　　ふる　　　あたら

4. な形容詞
けいようし

NA-adjectives ／ Tính từ đuôi な

1	かんたん（な）	easy đơn giản, dễ dàng	この　りょうりは　とても　かんたんです。
2	しんせつ（な）	kind tốt bụng	山田さんは　とても　しんせつです。 やまだ
3	きれい（な）	clean, beautiful đẹp, sạch	きのう　そうじしましたから　へやは　きれいです。 ／きれいな　ふくですね。
4	ゆうめい（な）	famous nổi tiếng	あの　山が　ゆうめいな　ふじさんです。 やま
5	べんり（な）	convenient tiện lợi	この　ホテルは　えきから　ちかくて　べんりです。
6	にぎやか（な）	lively nhộn nhịp	こうえんは　こどもが　おおくて　にぎやかでした。
7	しずか（な）	quiet yên tĩnh	山の　中は、とても　しずかでした。 やま　なか
8	すき（な）	like yêu thích	私は　ラーメンが　すきです。 わたし
9	きらい（な）	dislike ghét	雨は　きらいです。晴れが　すきです。 あめ　は
10	げんき（な）	fine khỏe mạnh	みんな、げんきですか。／げんきな　子ども こ
11	ひま（な）	free, have nothing to do rảnh rỗi	今日は　いそがしいですが、明日は　ひまです。 きょう　あした

確認ドリル

① かんじは　（a.かんたんな　b.かんたんじゃ）ありません。

② としょかんの　人は　とても　（a.しんせつ　b.にぎやか）でした。
　　　　　　　　ひと

③ おきなわの　海は　とても　（a.きれい　b.きれいな）でした。
　　　　　　　うみ

④ あなたの　国の　（a.ゆうめい　b.ゆうめいな）りょうりは　なんですか。
　　　　　　くに

⑤ しんかんせんは　はやくて　（a.べんり　b.げんき）です。

⑥ この　まちは　人が　多くて　（a.ひま　b.にぎやか）です。
　　　　　　ひと　おお

⑦ この　こうえんは　人がいませんから　（a.げんき　b.しずか）です。
　　　　　　　　ひと

⑧ 魚は　きらいですか。　──いいえ、（a.すきです　b.すきじゃありません）。
　さかな

⑨ テストが　だめでしたから、（a.げんきです　b.げんきじゃありません）。

⑩ （a.きれいな　b.ひまな）　ときは　いつも　何を　しますか。
　　　　　　　　　　　　　　　　　　　　なに
　　──テレビを　見ます。
　　　　　　　　み

5. 時間
じかん

1	今日 きょう	today / hôm nay
2	明日 あした	tomorrow / ngày mai
3	きのう	Yesterday / hôm qua
4	今週 こんしゅう	this week / tuần này
5	今月 こんげつ	this month / tháng này
6	今年 ことし	this year / năm nay
7	来週 らいしゅう	next week / tuần sau
8	来月 らいげつ	next month / tháng sau
9	来年 らいねん	next year / năm sau
10	先週 せんしゅう	last week / tuần trước
11	先月 せんげつ	last month / tháng trước
12	去年 きょねん	last year / năm ngoái
13	あさって	Tomorrow / ngày kia
14	再来年 さらいねん	year after next / năm sau nữa
15	おととい	the day before yesterday / hôm kia

16	おととし	two years ago / năm kia
17	毎日 まいにち	every day / hàng ngày
18	毎朝 まいあさ	every morning / hàng sáng
19	毎晩 まいばん	every night / hàng tối
20	毎週 まいしゅう	every week / hàng tuần
21	毎月 まいつき	monthly / hàng tháng
22	毎年 まいとし	every year / hàng năm
23	けさ	this morning / sáng nay
24	夕方 ゆうがた	early evening / buổi chiều
25	今晩 こんばん	tonight / tối nay
26	いつも	always / lúc nào cũng
27	ときどき	sometimes / thỉnh thoảng
28	いま	now / bây giờ

29	～前 まえ	before~ / kém ~, trước ~	９時５分前 じ ふんまえ
30	～すぎ	after~, past~ / hơn ~	９時５分すぎ じ ふん
31	ちょうど	just / vừa đúng	８時ちょうど じ
32	早い はや ／早く はや	early, fast / nhanh, sớm	朝 早い 時間 あさ はや じかん
33	おそい ／おそく	late, slow / chậm, muộn	夜 おそい 時間 よる じかん
34	速い はや ／速く はや	fast, rapid / nhanh (tốc độ)	速い 電車 はや てんしゃ 速く 走ります はや はし
35	ゆっくり	slowly / từ từ	ゆっくり 話す はな
36	すぐに	immediately, soon / ngay lập tức	すぐに 答えます こた
37	あとで	later / để sau	あとで 電話します でんわ
38	はじめ	beginning / đầu, ban đầu	今月の はじめ こんげつ じゅぎょうの はじめ

確認ドリル

① 時間は ありますから、（a. はやく　b. ゆっくり） 行きましょう。
じかん　　　　　　　　　　　　　　　　　　　　　　　　　　　　　　　　い

② （a. おととい　b. あさって）、電車の 中で 先生に 会いました。
　　　　　　　　　　　　　　　　　てんしゃ　なか　せんせい　あ

③ ５時１０分 （a. など　b. すぎ）に 駅に 着きました。
　じ　ぷん　　　　　　　　　　　えき　つ

④ （a. あとで　b. ちょうど）この ごみを すてて ください。

⑤ （a. きょねん　b. らいねん）の ９月に 日本へ 来ました。
　　　　　　　　　　　　　　　　がつ　にほん　き

⑥ （a. こんばん　b. せんげつ） カラオケに 行きませんか。
　　　　　　　　　　　　　　　　　　　　　　い

⑦ 二人の けっこんは まだ （a. すぐに　b. はやい）です。
　ふたり

⑧ （a. ゆうがた　b. らいげつ）の はじめ、大きな しけんが あります。
　　　　　　　　　　　　　　　　　　　　おお

⑨ （a. ことし　b. きのう）の 夏は とても あつかったです。
　　　　　　　　　　　　　　なつ

⑩ （a. まいにち　b. まいしゅう） 土よう日に この 日本語教室に 来て います。
　　　　　　　　　　　　　　　　ど　ひ　　　　にほんごきょうしつ　き

6. 人 （ひと）　　　　　　　　　　　　　　Person, People ／ Con người

	単語	意味	
1	父／お父さん （ちち／とう）	father bố	
2	母／お母さん （はは／かあ）	mother mẹ	
3	おじいさん	grandfather ông	
4	おばあさん	grandmother bà	
5	兄／お兄さん （あに／にい）	elder brother anh	
6	姉／お姉さん （あね／ねえ）	elder sister chị	
7	弟 （おとうと）	younger brother em trai	
8	妹 （いもうと）	younger sister em gái	
9	おじ／おじさん	uncle chú, bác	
10	おば／おばさん	aunt cô, bác, dì	

	単語	意味	例文
11	子ども （こ）	child trẻ em	青木さんは、子どもが います。
12	赤ちゃん （あか）	baby em bé	来月、赤ちゃんが 生まれます。
13	きょうだい	siblings anh em	きょうだいは 何人 いますか。
14	両親 （りょうしん）	parents bố mẹ	兄は りょうしんと すんで います。
15	かぞく	family gia đình	私は 5人 かぞくです。
16	奥さん （おく）	one's wife vợ	田中さんの 奥さんに 会いました。
17	彼 （かれ）	he anh ấy	彼は 日本人です。
18	彼女 （かのじょ）	she cô ấy	彼女は 日本語の 先生です。
19	皆さん／みんな （みな）	everybody mọi người	皆さん、こちらに 来て ください。
20	大人 （おとな）	adult người lớn	おとなは 1000円、子どもは 300円です。
21	学生 （がくせい）	student sinh viên	学生も ここで はたらいて います。
22	生徒 （せいと）	student học sinh	ピアノ教室の 生徒

確認ドリル

① 元気な （a. あかちゃん　b. おとな）が 生まれました。

② 彼の （a. おくさん　b. みなさん）も いしゃです。

③ さくらさんは、もう りっぱな （a. おば　b. おとな）です。

④ 彼は まだ （a. がくせい　b. きょうだい）ですが、どんな しごとも できます。

⑤ 来月、わたしの（a. みんな　b. りょうしん）が 日本に 来ます。

⑥ 田中さんは （a. みんな　b. こども）が 二人 います。

⑦ 彼女も この 学校の（a. きょうだい　b. せいと）です。

⑧ (a. おばあさん　b. おねえさん）は 18さいの とき、おじいさんと けっこん しました。

⑨ ここは （a. みんな　b. かぞく）の こうえんです。

⑩〈しゃしん〉青い ふくの 女の 人が 私の （a. おじ　b. おば）です。

7. カタカナ語
ご

1 テスト	test bài kiểm tra	明日、かんじの　テストが　あります。 あした
2 タクシー	taxi xe taxi	とおいですから、タクシーで　行きましょう。 い
3 コピー	copy copy	これを　3まい　コピーして　ください。
4 エレベーター	elevator cầu thang máy	エレベーターで　行きませんか。——そうですね。 い
5 パーティー	party bữa tiệc	6時から　友だちの　たんじょう日　パーティーです。 じ　　　とも　　　　　　　び
6 ニュース	news tin tức	毎朝、テレビで　ニュースを　見ます。 まいあさ　　　　　　　　　　み
7 パソコン	computer máy tính	パソコンが　こわれて、こまって　います。
8 シャツ	shirts áo	あの　青い　シャツの　人が　田中さんです。 あお　　　　　ひと　たなか
9 テーブル	table bàn	テーブルの　上に　ざっしが　あります。 うえ
10 エアコン	air conditioners máy điều hòa	あついですから、エアコンを　つけましょう。

確認ドリル

① （a.テスト　b.ラスト）は　どうでしたか。——むずかしかったです。

② びょういんまで　（a.クタシー　b.タクシー）で　行きました。
い

③ 図書館で　（a.コピー　b.コビー）が　できますよ。——そうですね。
としょかん

④ あそこに　（a.エレベーター　b.エレベイタ）が　あります。

⑤ きのうの　（a.バーティー　b.パーティー）は、とても　たのしかったです。

⑥ けさの　（a.ニョース　b.ニュース）で　その　ことを　知りました。
し

⑦ 新しい　（a.パリコン　b.パソコン）は　とても　べんりです。
あたら

⑧ 彼は　いつも　同じ　色の　（a.シャツ　b.シャズ）を　着て　います。
かれ　　　　　おな　いろ　　　　　　　　　　　　　　き

⑨ にもつは、あの　（a.テーブル　b.ケーブル）の　下に　あります。
した

⑩ へやに（a.エルコン　b.エアコン）が　なくて、さむかったです。

Part2
実戦ドリル
 じっせん
文　法
ぶん　　ぼう

Practical Drill － Grammar
Bài tập thực tế, từ vựng － Ngữ pháp

第1回～第15回
だい　かい　　　　だい　　かい

テーマ別ミニ特訓講座
べつ　　　　　とっくんこうざ
Mini-Courses Based on Themes
Khóa học mini theo chủ đề

1. **助詞①**
じょし

2. **助詞②**
じょし

3. **疑問詞**
ぎもんし
（いつ・どこ・だれ・なに・どうして…）

4. **文型①**
ぶんけい

5. **文型②**
ぶんけい

第1回
だい　　かい

⏱ 10分　　　　/13

もんだい1　（　）に　何を　入れますか。いちばん　いい　ものを　一つ　えらんで　ください。
なに　い　　　　　　　　　　　　　　　　　　　　　ひと

❶ きのう　友だちに　会いました。今日　（　　　）　会います。
とも　　　あ　　　　きょう　　　　　　　　　あ

　　１　に　　　　　　２　も　　　　　　３　は　　　　　　４　が

❷ サッカーは　好きです　（　　　）、やきゅうは　好きでは　ありません。
す　　　　　　　　　　　　　　　　　　　す

　　１　が　　　　　　２　で　　　　　　３　と　　　　　　４　し

❸ なつ休みに　りょこうに　（　　　）　たいです。
やす

　　１　行き　　　　　２　行く　　　　　３　行か　　　　　４　行け
い　　　　　　　　　い　　　　　　　　　い　　　　　　　　　い

❹ 私の　いえは　駅から　（　　　）、べんりです。
わたし　　　　　えき

　　１　ちかいて　　　２　ちかいで　　　３　ちかくて　　　４　ちかくで

❺ A「いっしょに　おひるごはんを　食べに　行き　（　　　）。」
た　　　い
　 B「いいですよ。」

　　１　ます　　　　　２　ません　　　　３　ましたか　　　４　ませんか

❻ その　えいがは　（　　　）　見ました。
み

　　１　など　　　　　２　だけ　　　　　３　から　　　　　４　もう

❼ おんがくを　（　　　）　ながら　あるいて　います。

　　１　聞く　　　　　２　聞き　　　　　３　聞か　　　　　４　聞いて
き　　　　　　　　　き　　　　　　　　　き　　　　　　　　　き

❽ 田中さんは　（　　　）　に　すんで　いますか。
た　なか

　　１　だれ　　　　　２　どれ　　　　　３　どんな　　　　４　どこ

もんだい2 ★ に 入る ものは どれですか。いちばん いい ものを 一つ えらんで ください。

❶ ここは ____ ____ ★ ____ 。

　　１ です　　　　２ まち　　　　３ ぎんざ　　　　４ という

❷ あしたは 8時 ____ ____ ★ ____ ください。

　　１ 来て　　　　２ ごろ　　　　３ かいしゃ　　　　４ に

もんだい3 ①から ③に 何を 入れますか。いちばん いい ものを 一つ えらんで ください。

　先週の 日曜日に 友だちと いっしょに こうえんへ 行きました。その こうえんは 山の 上に あります。私たちは バス ① 行きました。1時間 ② かかりました。

　こうえんの 中に いけが あって、さかなが たくさん およいで いました。天気が ③ 、たのしかったです。

---

❶ 　１ に　　　　２ で　　　　３ が　　　　４ へ

❷ 　１ まで　　　　２ しか　　　　３ くらい　　　　４ まで

❸ 　１ いい　　　　２ よい　　　　３ いくて　　　　４ よくて

第2回
だい　　かい

⏱ 10分　　/13

もんだい1　（　　）に　何を　入れますか。いちばん　いい　ものを　一つ　えらんで　ください。
なに　い　　　　　　　　　　　　　　　　　　　　　　ひと

❶ 駅の　入り口が　どこ　（　　　　）　わかりません。
えき　　い　ぐち

　　1　で　　　　　　　2　に　　　　　　　3　が　　　　　　4　か

❷ それは　私　（　　　　）　かばんです。
　　　　　わたし

　　1　と　　　　　　　2　の　　　　　　　3　も　　　　　　4　を

❸ マンガを　（　　　　）　日本語を　べんきょう　しました。
　　　　　　　　　　　　　に　ほん　ご

　　1　見て　　　　　　2　見る　　　　　　3　見た　　　　　4　見
　　　み　　　　　　　　　み　　　　　　　　　み　　　　　　　み

❹ 弟は　今　（　　　　）。
　おとうと　いま

　　1　ねます　　　　　2　ねません　　　　3　ねています　　4　ねるでしょう

❺ 日本は　7月から　（　　　　）　なります。
　に　ほん　　　がつ

　　1　あつ　　　　　　2　あつに　　　　　3　あつい　　　　4　あつく

❻ 父は　まいばん　9時　（　　　　）　かえって　来ます。
　ちち　　　　　　　　じ　　　　　　　　　　　　　　　き

　　1　だけ　　　　　　2　まだ　　　　　　3　ごろ　　　　　4　もう

❼ 私の　いえに　来る　（　　　　）　電話を　かけて　ください。
　わたし　　　　　く　　　　　　　　　　　　てん　わ

　　1　まえに　　　　　2　あとで　　　　　3　ながら　　　　4　たり

❽ （　　　　）　その　ふくを　買いましたか。
　　　　　　　　　　　　　　　　か

　　1　どこ　　　　　　2　だれ　　　　　　3　いつ　　　　　4　どちら

もんだい2 ____ ★ に 入る ものは どれですか。いちばん いい ものを 一つ えらんで ください。

❶ 母と ____ ____ ★ ____ 行きました。

　　１　デパート　　２　に　　　　３　いっしょ　　４　へ

❷ いつも ____ ____ ★ ____ を 食べます。

　　１　テレビ　　　２　ごはん　　３　見ながら　　４　を

もんだい3 ❶から ❸に 何を 入れますか。いちばん いい ものを 一つ えらんで ください。

　　　　　　　　学生のみなさんへ

　さいきん、たくさんの 人が としょかんの 前の どうろ ❶
じてんしゃを おいています。じてんしゃが たくさん あって、どうろが
❷ なって います。
　とても あぶないです。じてんしゃは としょかんの よこに ❸ 。

---

❶ 　１　の　　　　　２　を　　　　３　に　　　　４　で

❷ 　１　せまく　　　２　せまくて　　３　せまい　　　４　せまいに

❸ 　１　おきません　　　　　　２　おくでしょう
　　３　おかないでください　　４　おいてください

第３回
だい　　かい

10分　　/13

もんだい1　（　　）に　何を　入れますか。いちばん　いい　ものを　一つ　えらんで　ください。
なに　い　　　　　　　　　　　　　　　　　　　　　ひと

❶ いえの　前に　コンビニ（　　　　　）　パンやが　あります。
　　　　まえ

　　１　は　　　　　２　で　　　　　３　を　　　　　４　と

❷ すみません、この　くつ（　　　　　）　ください。

　　１　に　　　　　２　を　　　　　３　の　　　　　４　へ

❸ あした　ケーキを　（　　　　）。

　　１　つくった　　　　　　　　　　２　つくりました
　　３　つくっています　　　　　　　４　つくります

❹ A「ここで　しゃしんを　（　　　　　）　ください。」
　　B「あっ、すみませんでした。」

　　１　とる　　　　　２　とらない　　３　とらないで　４　とって

❺ この　びじゅつかんには　（　　　　　）　えが　あります。

　　１　ゆうめいな　　２　ゆうめいの　　３　ゆうめい　　４　ゆうめいに

❻ 9時に　なりましたが、（　　　　　）　しごとが　おわりません。
　　　じ

　　１　まで　　　　　２　まだ　　　　　３　だけ　　　　　４　もう

❼ ぎゅう肉は　高かった　（　　　　　）、買いませんでした。
　　　　にく　　たか　　　　　　　　　　か

　　１　くらい　　　　２　しか　　　　　３　まで　　　　　４　から

❽ あそこに　すわって　いる　人は　（　　　　）　ですか。
　　　　　　　　　　　　　ひと

　　１　どこ　　　　　２　いくら　　　　３　だれ　　　　　４　どちら

もんだい2 ___★___に 入る ものは どれですか。いちばん いい ものを 一つ えらんで ください。

❶ 日本語を ＿＿＿ ＿＿＿ ＿★＿ ＿＿＿ 来ました。

　　１　に　　　　　　　　　　　２　日本

　　３　べんきょうし　　　　　　４　へ

❷ ばんごはんを ＿＿＿ ＿＿＿ ＿★＿ ＿＿＿ 行きましょう。

　　１　あとで　　　　２　見に　　　　３　えいがを　　　４　食べた

もんだい3 ❶から ❸に 何を 入れますか。いちばん いい ものを 一つ えらんで ください。

　　今日　会社を　休みました。きのうの　ばん　あたまが　いたく　なり

ました。

　　けさは　ねつが　ありました。かいしゃに　電話を　かけて「今日は

かぜ　❶　休みます」と　言いました。　❷　くすりを　飲んで

ねました。あしたは　かいしゃに　❸　。

---

❶　１　が　　　　　２　を　　　　　３　で　　　　　４　に

❷　１　そっち　　　２　そちら　　　３　それでは　　　４　それから

❸　１　行きました　　　　　　　　　２　行きたいです
　　３　行きましょう　　　　　　　　４　行きませんか

第4回
だい かい

10分 /13

もんだい1 （　　）に 何を 入れますか。いちばん いい ものを 一つ えらんで ください。
なに い ひと

❶ ふね（　　　　）沖縄へ 行きます。
おきなわ い

　　1 で　　　　　2 に　　　　　3 と　　　　　4 を

❷ その かばんは 私（　　　　）です。
わたし

　　1 が　　　　　2 は　　　　　3 の　　　　　4 へ

❸ きのう 山本さんは 青い スカートを（　　　　）。
やまもと あお

　　1 はいて いました　　　　　　　2 はいて います
　　3 はきます　　　　　　　　　　　4 はきません

❹ この 駅は あまり べんり（　　　　）。
えき

　　1 くありません　　　　　　　　　2 ではありません
　　3 です　　　　　　　　　　　　　4 でした

❺ 大阪（　　　　）なにで 行きますか。
おおさか い

　　1 など　　　　2 だけ　　　　3 もう　　　　4 まで

❻ 毎日 午前9時に しごとが（　　　　）。
まいにち ごぜん じ

　　1 はじめます　　　　　　　　　　2 はじまります
　　3 はじめました　　　　　　　　　4 はじまりました

❼ この 店には あたたかい コーヒー（　　　）ありません。
みせ

　　1 くらい　　　　2 から　　　　3 しか　　　　4 ごろ

❽ りんごは 一つ（　　　　）ですか。
ひと

　　1 いくつ　　　　2 いくら　　　　3 どんな　　　　4 どれ

もんだい2 ___★___ に 入る ものは どれですか。いちばん いい ものを 一つ えらんで ください。

❶ スーパー ____ ____ ★ ____ から いえに かえります。

　　１ を　　　　　２ 買いもの　　３ して　　　　４ で

❷ きのう リンさんは 会社 ____ ____ ★ ____ ですか。

　　１ どうして　　２ を　　　　　３ が　　　　　４ 休みました

もんだい3 ❶から ❸に 何を 入れますか。いちばん いい ものを 一つ えらんで ください。

> 先週 新しい 車を 買いました。前の 車は 10年間 のりました。
> ❶ 古く なりました。つまは 小さい 車が いいと 言いました
> から、小さい ❷ を 買いました。❸、私は ほんとうは 大きい
> 車が ほしかったです。

❶ １ もう　　　　　２ まだ　　　　　３ など　　　　　４ ころ

❷ １ で　　　　　　２ も　　　　　　３ の　　　　　　４ と

❸ １ とても　　　　２ でも　　　　　３ そして　　　　４ それから

第5回
だい　　かい

⏱ 10分　　/13

もんだい1　（　　）に　何を　入れますか。いちばん　いい　ものを　一つ　えらんで　ください。
　　　　　　　　　　なに　い　　　　　　　　　　　　　　　　　　　　　ひと

❶ コンビニへ　ごはんを　買い（　　　　）行きます。
　　　　　　　　　　　　か　　　　　　　　　　い

　　１　で　　　　　　　２　と　　　　　　　３　に　　　　　　　４　へ

❷ はさみ（　　　　）つくえの　上に　あります。
　　　　　　　　　　　　　　　　　うえ

　　１　の　　　　　　　２　や　　　　　　　３　を　　　　　　　４　は

❸ かぜを（　　　　）、学校を　休みました。
　　　　　　　　　　　　がっこう　　やす

　　１　ひく　　　　　　２　ひいて　　　　　３　ひいた　　　　　４　ひかない

❹ 日曜日は　おんがくを　聞いた（　　　　）テレビを　見た（　　　　）
　　にちようび　　　　　　　き　　　　　　　　　　　　　　　　み
　　します。

　　１　い／い　　　　　２　て／て　　　　　３　ら／ら　　　　　４　り／り

❺ この　りょうりは（　　　　）ないです。

　　１　おいしく　　　２　おいし　　　　３　おいしい　　　４　おいしいじゃ

❻ 私の　学校には　学生が　300人（　　　　）います。
　　わたし　がっこう　　がくせい　　　にん

　　１　くらい　　　　２　ごろ　　　　　３　まで　　　　　４　しか

❼ 田中さんの　車は（　　　　）ですか。
　　たなか　　　くるま

　　１　だれ　　　　　２　どれ　　　　　３　なんで　　　　４　どうやって

❽ えいがは（　　　　）見ません。
　　　　　　　　　　　み

　　１　ときどき　　　２　よく　　　　　３　あまり　　　　４　とても

もんだい2 ___★___ に 入る ものは どれですか。いちばん いい ものを 一つ えらんで ください。

1 すみません、_____ _____ __★__ _____ ください。

　　１　とって　　　２　を　　　　３　かさ　　　４　その

2 この へや _____ _____ __★__ _____ が あります。

　　１　ソファーなど　　　　　　　２　に
　　３　は　　　　　　　　　　　　４　テーブルや

もんだい3 ❶から ❸に 何を 入れますか。いちばん いい ものを 一つ えらんで ください。

　私は 毎日 7時に おきます。 シャワーを ❶ から、あさご
はんを 食べます。そして、8時に うち ❷ 出ます。
　駅まで バスで 行って、電車に のります。会社まで 1時間
❸ かかります。

❶ 　１　あび　　　　２　あびる　　　３　あびた　　　４　あびて

❷ 　１　に　　　　　２　を　　　　　３　へ　　　　　４　で

❸ 　１　ごろ　　　　２　ぐらい　　　３　など　　　　４　もう

第6回
だい　　かい

10分　/13

もんだい1　（　　）に　何を　入れますか。いちばん　いい　ものを　一つ　えらんで　ください。
なに　い　　　　　　　　　　　　　　　　　　ひと

❶ 毎日　バス（　　　　）学校へ　行きます。
　まいにち　　　　　　　　がっこう　い
　　　1　で　　　　　　2　に　　　　　　3　を　　　　　　4　と

❷ かぎは　つくえの　上（　　　　）あります。
　　　　　　　　　　うえ
　　　1　の　　　　　　2　で　　　　　　3　に　　　　　　4　が

❸ りんご（　　　　）五つ　ください。
　　　　　　　　　いつ
　　　1　と　　　　　　2　の　　　　　　3　が　　　　　　4　を

❹ これは　車（　　　　）ざっしです。
　　　　　くるま
　　　1　を　　　　　　2　に　　　　　　3　の　　　　　　4　が

❺ A「ひるごはんを　食べましたか。」
　　　　　　　　　　た
　　B「いいえ、（　　　　）です。いっしょに　食べませんか。」
　　　　　　　　　　　　　　　　　　　　　　　た
　　　1　もう　　　　　2　よく　　　　　3　あまり　　　　4　まだ

❻ 私（　　　　）18さいです。リンさん（　　　　）18さいです。
　わたし
　　　1　は／を　　　　2　も／で　　　　3　は／も　　　　4　が／の

❼ ここに　にもつを（　　　　）で　ください。
　　　1　おく　　　　　2　おかない　　　3　おいて　　　　4　おいた

❽（きっさてんで）
　店の　人「いらっしゃいませ。」
　みせ　ひと
　リン　　「すみません、コーヒーを　一つ（　　　　）。」
　　　　　　　　　　　　　　　　　　ひと
　店の　人「はい、かしこまりました。」
　みせ　ひと
　　　1　どうぞ　　　　2　ください　　　3　ほしいですか　4　ありますか

もんだい2 ___★___ に 入る ものは どれですか。いちばん いい ものを 一つ えらんで ください。

❶ 私は 兄 ＿＿＿ ＿＿＿ ＿★＿ ＿＿＿ 来ました。

　　１　へ　　　　　２　と　　　　　３　いっしょに　　４　日本

❷ うちへ ＿＿＿ ＿＿＿ ＿★＿ ＿＿＿ 帰ります。

　　１　さいふ　　　２　とり　　　　３　を　　　　　　４　に

もんだい3 ❶から ❸に 何を 入れますか。いちばん いい ものを 一つ えらんで ください。

　リンさんは 夏休みに 山田さんの 家へ 行きました。山田さんに 手紙を 書きます。

　山田さん、夏休みは とても ❶ 。どうも ありがとうございました。私は ❷ 日本人の 家へ 行きましたから、とても おもしろかったです。おいしい りょうりも ありがとうございました。 ❸ 私の 家へ あそびに 来て ください。国の りょうりを たくさん つくります。

---

❶　１　たのしいです　　　　　　　２　たのしかったです
　　３　たのしくないです　　　　　４　たのしくなかったです

❷　１　はじめて　　２　いつも　　３　だんだん　　４　もっと

❸　１　こんど　　２　それから　　３　でも　　４　もし

第7回
だい かい

10分 ⏱ /13

もんだい1 （　）に 何を 入れますか。いちばん いい ものを 一つ えらんで ください。
なに い ひと

❶ せんしゅう デパート （　　　　） 行きました。
い

　　1 で　　　　　　2 も　　　　　　3 へ　　　　　　4 が

❷ あの しんごう （　　　　） 右へ まがって ください。
みぎ

　　1 が　　　　　　2 を　　　　　　3 に　　　　　　4 と

❸ （びょういんで）
　　いしゃ「一日 （　　　　） 3かい この くすりを 飲んで ください。」
いちにち の

　　1 で　　　　　　2 と　　　　　　3 が　　　　　　4 に

❹ 毎朝 おんがくを （　　　　） ながら コーヒーを 飲みます。
まいあさ の

　　1 きいた　　　　2 きく　　　　　3 きいて　　　　4 きき

❺ 私は 子どもの とき、やさいが すき （　　　　） でした。
わたし

　　1 な　　　　　　2 くない　　　　3 じゃない　　　4 じゃありません

❻ 山田「日曜日に、私の 家で パーティーを します。リンさんも （　　　　）。」
やまだ にちようび わたし いえ
　　リン「いいですね。行きたいです。」
い

　　1 来ませんか　　　　　　　　　2 来ましたか
き き
　　3 来ていますか　　　　　　　　4 来ていましたか
き き

❼ リン「すみません。あたまが いたいです （　　　　）、帰ります。」
かえ
　　山田「そうですか。おだいじに。」
やまだ

　　1 でも　　　　　2 そして　　　　3 それから　　4 から

❽ A「きのう はじめて すしを 食べました。」
た
　　B「そうですか。（　　　　） でしたか。」
　　A「おいしかったです。」

　　1 どんな　　　　2 どう　　　　　3 どちら　　　4 どなた

もんだい2 ___★___ に 入る ものは どれですか。いちばん いい ものを 一つ えらんで ください。

❶ 駅の 前 ____ ____ ___★___ ____ ジュースを 買いました。

　　| で　　　　　　2 コンビニ　　　3 に　　　　　　4 ある

❷ ちちに ____ ____ ___★___ ____ です。

　　| もらった　　2 かるくて　　3 べんり　　　　4 かばんは

もんだい3 ❶ から ❸ に 何を 入れますか。いちばん いい ものを 一つ えらんで ください。

　リンさんは「私の 国の 飲みもの」の 作文を 書いて、クラスの みんなの 前で 読みます。

　私の すきな 飲みものは ヨーグルトです。私の 国では ヨーグルトに しおを ❶ 飲みます。暑いとき、 ❷ ヨーグルトを 飲みます。とても おいしいです。 ❸ 日本の ヨーグルトは あまいですから、ちょっと ざんねんです。

---

❶ | 入れた　　　2 入れて　　　3 入れない　　　4 入れないで

❷ | だんだん　　2 また　　　　3 もっと　　　　4 よく

❸ | だから　　　2 でも　　　　3 そして　　　　4 それから

第8回
だい　かい

🕙 10分　　　　/13

もんだい1　（　　）に　何を　入れますか。いちばん　いい　ものを　一つ　えらんで　ください。
なに　い　　　　　　　　　　　　　　　　　　　　　　ひと

❶ ほんや　（　　　　　）　ぎんこうの　間に　スーパーが　あります。
あいだ

　　1　や　　　　　　2　と　　　　　　3　の　　　　　　4　で

❷ A「コーヒーは　（　　　　　）　ですか。」
　　B「ありがとうございます。いただきます。」

　　1　どちら　　　　2　どなた　　　　3　いかが　　　　4　いくつ

❸ この　りんごは、四つ　（　　　　　）　300円です。
よっ　　　　　　　　　　えん

　　1　で　　　　　　2　と　　　　　　3　が　　　　　　4　に

❹ 山田　「今日は　あついですね。」
やまだ　きょう
　　グプタ「ええ。でも、私の　国　（　　　　　）　すずしいです。」
わたし　くに

　　1　より　　　　　2　から　　　　　3　ぐらい　　　　4　では

❺ 毎朝　パン　（　　　　　）　バナナを　食べます。
まいあさ　　　　　　　　　　　　　　た

　　1　の　　　　　　2　が　　　　　　3　を　　　　　　4　と

❻ 山田「リンさんは　パソコンを　（　　　　　）　か。」
やまだ
　　リン「はい。先週、買いました。」
せんしゅう　か

　　1　もちます　　2　もちました　　3　もっています　4　もちません

❼ きのう　東京へ　行きました。とても　（　　　　　）　です。
とうきょう　い

　　1　たのしい　　　　　　　　　　2　たのしかった
　　3　たのしくない　　　　　　　　4　たのしくなかった

❽ A「これ、私が　つくった　ケーキです。（　　　　　）。」
わたし
　　B「わあ、ありがとうございます。」

　　1　食べます　　　　　　　　　　2　どうぞ
た
　　3　ほしいですか　　　　　　　　4　ください

もんだい2 ___ ★___ に 入る ものは どれですか。いちばん いい ものを 一つ えらんで ください。

❶ きのう ____ ____ ★___ ____ は おもしろかったです。

　　1　友だち　　　　2　えいが　　　　3　と　　　　　4　見た

❷ 私は 駅の ____ ____ ★___ ____ で アルバイトを して います。

　　1　コンビニ　　　2　ある　　　　　3　中　　　　　4　に

もんだい3 ❶ から ❸ に 何を 入れますか。いちばん いい ものを 一つ えらんで ください。

リンさんは 友だちに 手紙を 書きました。これは リンさんの 手紙です。

山田さん

　こんにちは。げんきですか。私は 先月 国へ ❶ から、おみやげを おくります。これは 私の 国の コーヒーです。まえに 山田さんは コーヒーが すきだと ❷ ね。私も コーヒーが すきです。私の 国では コーヒーに さとうと ミルクを たくさん ❸ 飲みます。おいしいですよ。ぜひ 飲んで ください。

---

❶　1　帰ります　　　　　　　　2　帰りました
　　3　帰っています　　　　　　4　帰りましょう

❷　1　話します　　　　　　　　2　言いました
　　3　思います　　　　　　　　4　知っています

❸　1　入れる　　　2　入れない　　　3　入れて　　　4　入れた

第9回
だい　かい

10分　　/13

もんだい1　（　）に　何を　入れますか。いちばん　いい　ものを　一つ　えらんで　ください。
なに　い　　　　　　　　　　　　　　　ひと

❶ 山田さんは　しんせつ　（　　　　　）、おもしろい　人です。
やまだ　　　　　　　　　　　　　　　　　　　　　ひと

　　１　に　　　　　　２　と　　　　　　３　の　　　　　　４　で

❷ えいご　（　　　）　わかりますが、にほんご　（　　　）　わかりません。

　　１　は／は　　　　２　が／が　　　　３　も／も　　　　４　と／と

❸ ちちは　りょうり　（　　　　）　じょうずです。

　　１　で　　　　　　２　と　　　　　　３　が　　　　　　４　に

❹ 山田　「すみません。リンさんは　（　　　　）　ですか。」
やまだ
　　グプタ「トイレですよ。」

　　１　どうして　　２　どんな　　　　３　どう　　　　　４　どこ

❺ リン　「今日は　どうも　ありがとうございました。」
　　　　　きょう
　　山田　「どういたしまして。（　　　）　来て　ください。」
やまだ　　　　　　　　　　　　　　　　き

　　１　もう　　　　　２　まだ　　　　　３　また　　　　　４　よく

❻ A「おなかが　すきましたね。」
　　B「ええ。なにか　（　　　　）　ですね。」

　　１　食べたい　　　２　食べません　　３　食べましょう　４　食べない
　　　た　　　　　　　　た　　　　　　　　た　　　　　　　　た

❼ 私は　小さい　とき、魚が　すき　（　　　　）　でした。
わたし　ちい　　　　さかな

　　１　くない　　　　　　　　　　　２　じゃない
　　３　じゃありません　　　　　　　４　ありません

❽ A「あの　かどを　右へ　まがって　ください。」
　　　　　　　　　　みぎ
　　B「え？　左ですか。」
　　　　　　ひだり
　　A「いいえ、左　（　　　　）　右です。」
　　　　　　　ひだり　　　　　　みぎ

　　１　ないで　　　　２　なくて　　　　３　じゃないで　　４　じゃなくて

もんだい2　★ に 入る ものは どれですか。いちばん いい ものを 一つ えらんで ください。

❶ すみません。 ＿＿＿ ＿＿＿ ★ ＿＿＿ おしえて ください。

　　1　コピーきの　　　　　　　　2　この
　　3　使い方　　　　　　　　　　4　を

❷ もうすぐ ＿＿＿ ＿＿＿ ★ ＿＿＿ いそいで ください。

　　1　が　　　　　2　来ます　　　　3　電車　　　　4　から

もんだい3　①から ③に 何を 入れますか。いちばん いい ものを 一つ えらんで ください。

リンさんは 作文を 書いて、クラスの みんなの 前で 読みます。

私は じぶんの 会社を つくりたいです。私は 日本の 車が 好きです ① 、日本へ 来ました。日本語学校を ② 、せんもん学校に 入りたいです。せんもん学校で 車の べんきょうを して、日本ではたらきたいです。日本で 5年ぐらい はたらいて、国へ 帰ります。③ 車を 売る 会社を つくりたいです。

❶　1　か　　　　　2　が　　　　　3　から　　　　4　とき

❷　1　そつぎょうした　　　　　　2　そつぎょうしている
　　3　そつぎょうしたら　　　　　4　そつぎょうしながら

❸　1　だから　　　2　でも　　　　3　そして　　　4　もっと

第10回
だい かい

10分 ⬜/13

もんだい1 （　）に 何を 入れますか。いちばん いい ものを 一つ えらんで ください。
なに い ひと

❶ きょうしつに だれ（　　　　）いません。

　　１ に　　　　　２ と　　　　　３ も　　　　　４ の

❷ 子ども（　　　　）とき、いぬが きらいでした。
こ

　　１ の　　　　　２ で　　　　　３ は　　　　　４ が

❸ A「（　　　　）カメラは だれのですか」。
　 B「あ、私のです。」
　　　　　　わたし

　　１ あれ　　　　２ あそこ　　　３ あの　　　　４ あんな

❹ あぶないです（　　　　）、中に 入らないで ください。
　　　　　　　　　　　　　　　なか はい

　　１ だから　　　２ から　　　　３ でも　　　　４ それから

❺ (店で)
　 みせ
　 この くつは 小さいです。（　　　　）大きいのは ありませんか。
　　　　　　　ちい　　　　　　　　　　おお

　　１ もう　　　　２ まだ　　　　３ また　　　　４ もっと

❻ A「（　　　　）きのう 休みましたか。」
　　　　　　　　　　　　やす
　 B「ねつが ありましたから。」

　　１ どうして　　２ どこで　　　３ どう　　　　４ どれ

❼ 今日（　　　　）ひまですが、明日（　　　　）いそがしいです。
　 きょう　　　　　　　　　　あした

　　１ が／が　　　２ は／は　　　３ を／を　　　４ も／も

❽ A「しけんは どうでしたか。」
　 B「とても（　　　　）です。」

　　１ やさしい　　　　　　　　　２ やさしくない
　　３ やさしかった　　　　　　　４ やさしくなかった

もんだい2 __★__ に 入る ものは どれですか。いちばん いい ものを 一つ えらんで ください。
はい　　　　　　　　　　　　　　　　　　　　　　　　　　ひと

❶ ここ ＿＿＿＿ ＿＿＿＿ ★ ＿＿＿＿ かかりますか。

　　１　から　　　　　２　まで　　　　　３　どのくらい　　４　駅
　　　　　　　　　　　　　　　　　　　　　　　　　　　　　　　　えき

❷ きのう ＿＿＿＿ ＿＿＿＿ ★ ＿＿＿＿ に あげます。

　　１　を　　　　　　　２　おかし　　　　３　友だち　　　　４　買った
　　　　　　　　　　　　　　　　　　　　　　　とも　　　　　　　　か

もんだい3 ①から ③に 何を 入れますか。いちばん いい ものを 一つ えらんで ください。
　　　　　　　　　　　　　　なに　　　　　　　　　　　　　　　　　　　　　ひと

これは　リンさんが　書いた　作文です。
　　　　　　　　　　か　　　　さくぶん

　　私は　半年前に　日本へ　来ました。日本へ　来たとき、　① 　日本語
　わたし　はんとしまえ　にほん　き　　　にほん　き　　　　　　　　　　　にほんご
が　わかりませんでした。日本で　初めて　電車に　 ② 　。電車の　中
　　　　　　　　　　　　にほん　はじ　　でんしゃ　　　　　　でんしゃ　なか
は　とても　しずかでした。人が　 ③ 　、だれも　話しません。私は
　　　　　　　　　　　　　　ひと　　　　　　　　はな　　　　　わたし
びっくりしました。私の　国では　みんな　バスの　中で　たくさん　話
　　　　　　　　わたし　くに　　　　　　　　なか　　　　　　はな
します。とても　にぎやかです。日本人は　どうして　話しませんか。私
　　　　　　　　　　　　　にほんじん　　　　　　はな　　　　　わたし
は　話したいです。
　　はな

❶　１　とても　　　　２　あまり　　　３　たくさん　　　４　より

❷　１　乗りました　　　　　　　　２　乗りたいです
　　　　の　　　　　　　　　　　　　　　の
　　３　乗ります　　　　　　　　　４　乗っています
　　　　の　　　　　　　　　　　　　　　の

❸　１　多かったですと　　　　　　２　多かったですから
　　　　おお　　　　　　　　　　　　　おお
　　３　多かったですが　　　　　　４　多かったまで
　　　　おお　　　　　　　　　　　　　おお

第11回
だい　　かい

⏱ 10分 　　／13

もんだい1　（　）に　何を　入れますか。いちばん　いい　ものを　一つ　えらんで　ください。
なに　い　　　　　　　　　　　　　　　　　　　ひと

❶ A「ぜんぶで　15,000 円です。」
えん

　 B「カード（　　　　）　おねがいします。」

　　1　で　　　　　　2　を　　　　　　3　が　　　　　　4　や

❷ 明日、大阪（　　　　）東京まで　しんかんせんで　行きます。
あした　おおさか　　　　　　とうきょう　　　　　　　　　　い

　　1　を　　　　　　2　から　　　　　3　で　　　　　　4　も

❸ A「今日は　何時まで　しごとを　しますか。」
きょう　なんじ

　 B「そうですね。たぶん　7じ（　　　　）まで　します。」

　　1　しか　　　　　2　だけ　　　　　3　ぐらい　　　　4　から

❹ A「今日、いっしょに　デパートへ　行きませんか。」
きょう　　　　　　　　　　　　　　い

　 B「今日は　ちょっと。（　　　　）こんど　おねがいします。」
きょう

　　1　また　　　　　2　もう　　　　　3　いつ　　　　　4　どう

❺ A「私は　田中さんの　たんじょうびに　ケーキを（　　　　）。」
わたし　たなか

　 B「そうですか。田中さんは　どうでしたか。」
たなか

　 A「『ありがとうございます』と　言いました。」
い

　　1　あげました　　　　　　　　　2　もらいました
　　3　出します　　　　　　　　　　4　もらいます
だ

❻ A「それは　いくらですか。」

　 B「これですね。大きい（　　　　）、300 円です。」
おお　　　　　　　　えん

　　1　のは　　　　　2　へは　　　　　3　には　　　　　4　では

❼ A「田中さんは　どこですか。」
たなか

　 B「かいぎしつに（　　　　）よ。」

　　1　ほしいです　2　もちます　　　3　います　　　　4　あります

❽ A「おまつりは　にぎやかでしたか。」

　B「いいえ。人が　すくなくて、（　　　　　）。」

　　１　しずか　　　　　　　　　２　しずかじゃありませんでした

　　３　にぎやかでした　　　　　４　にぎやかじゃありませんでした

もんだい2　＿＿★＿＿に　入る　ものは　どれですか。いちばん　いい　ものを　一つ　えらんで　ください。

❶けさ ＿＿＿ ＿＿＿ ＿★＿ ＿＿＿、午後は　はれました。

　　１　ふりました　　２　雨が　　　　３　つよい　　　　４　が

❷あれ？ ＿＿＿ ＿＿＿ ＿★＿ ＿＿＿ 何か　ありますよ。

　　１　つくえ　　　　２　の　　　　　３　に　　　　　　４　下

もんだい3　①から　③に 何を　入れますか。いちばん　いい　ものを　一つ　えらんで　ください。

　私は　先月から、コンビニで　アルバイトを　して　います。仕事が　たくさん　あって　ちょっと　大変ですが、いろいろな　人と　話します　①　、楽しいです。日本語も　少し　上手に　なりました。きのう、はじめて　アルバイトの　お金　②　もらいました。とても　うれしかったです。明日　この　お金で、新しい　くつと　おいしい　ケーキを　③　。

---

❶　１　まで　　　　２　から　　　　３　で　　　　　４　しか

❷　１　に　　　　　２　が　　　　　３　で　　　　　４　を

❸　１　買って　ください　　　　２　買って　います
　　３　買いたいです　　　　　　４　買いました

第12回
だい　　かい

10分　　　　/13

もんだい1　（　　）に 何を 入れますか。いちばん いい ものを 一つ えらんで ください。
なに　い　　　　　　　　　　　　　　　　　　ひと

❶ A「あ！　スマホが ありません。」

　B「ここ（　　　　　）ありますよ。」

　　１ が　　　　　２ に　　　　　３ を　　　　　４ か

❷ １つ600円、2つ（　　　　　）1,000円です。
　　　　えん　　　　　　　　　　　　　　えん

　　１ を　　　　　２ も　　　　　３ に　　　　　４ で

❸ A「あそこに 白い 本が ありますね。」
　　　　　　　しろ　ほん

　B「ああ、松田さん（　　　　　）ですよ。」
　　　　まつ だ

　　１ の　　　　　２ が　　　　　３ や　　　　　４ を

❹ A「すみません、ちょっと てつだって（　　　　　）。」

　B「わかりました。」

　　１ ませんでした　２ ください　　　３ ましょう　　４ に なります

❺ A「もう 山田さんに れんらくしましたか。」
　　　　　やま だ

　B「いいえ、（　　　　　）。」

　　１ まだです　　２ もうです　　３ いつです　　４ だれです

❻ 私は いつも おんがくを（　　　　　）ながら りょうりします。
　わたし

　　１ きき　　　　２ きか　　　　３ きけ　　　　４ きく

❼ きのう 友だちと 買いものに（　　　　　）とき、さいふを わすれました。
　　　　とも　　　　か

　　１ 行く　　　　２ 行った　　　３ 行って　　　４ 行かなかった
　　　い　　　　　　い　　　　　　い　　　　　　い

❽ あまり べんきょうしませんでしたから、テストが（　　　　　）です。

　　１ わるくて　　　　　　　　　２ わるく

　　３ わるかった　　　　　　　　４ わるくなかった

もんだい2 ___★___ に 入る ものは どれですか。いちばん いい ものを 一つ えらんで ください。

❶ ひまなとき、よく ちかくの ____ ____ ___★___ ____ 行きます。

　　１　に　　　　　２　さんぽ　　　　３　へ　　　　　４　こうえん

❷ Ａ「私は ____ ____ ___★___ ____ 人を 見ました。」

　　Ｂ「えっ。どこで 見ましたか。」

　　１　どこか　　　　２　で　　　　　３　男の　　　　４　あの

もんだい3 ❶から ❸に 何を 入れますか。いちばん いい ものを 一つ えらんで ください。

　　私の 家族は みんな 国に います。家族は ５人で、父と 母と 兄と 姉です。父は 会社員で、母は 音楽の 先生です。両親は やさしいです。兄の 仕事は パン屋です。３年前から ❶ 。兄が 作る パンは とても おいしいです。姉は、英語が 上手です。大学で 英語を 勉強して いる ❷ 。私は 家族 ❸ 大好きです。

❶　１　はたらいて います　　　　２　はたらきたいです
　　３　はたらきます　　　　　　　４　はたらきました

❷　１　まででした　　　　　　　　２　だけでした
　　３　からです　　　　　　　　　４　しかありません

❸　１　に　　　　　２　が　　　　　３　で　　　　　４　と

第13回
だい　　かい

⏱ 10分 　　/13

もんだい1　（　　）に 何を 入れますか。いちばん いい ものを 一つ えらんで ください。
なに　い　　　　　　　　　　　　　　　　　ひと

❶ 田中さん （　　　　　） 山田さんは 明日 来ますか。
たなか　　　　　　　　　　やまだ　　　　あした き
　　１ を　　　　　　２ に　　　　　　３ も　　　　　　４ と

❷ 先週 かぜ （　　　） しごとを 休みました。
せんしゅう　　　　　　　　　　　　　　　　やす
　　１ で　　　　　　２ も　　　　　　３ や　　　　　　４ に

❸ むすこは まいあさ 6時 （　　　　） おきます。
　　　　　　　　　　　　じ
　　１ に　　　　　　２ が　　　　　　３ を　　　　　　４ も

❹ A「てを あらって （　　　　） しょくじに しましょう。」
　B「わかりました。」
　　１ から　　　　　２ まで　　　　　３ だけ　　　　　４ しか

❺ A「今日は 私の たんじょう日です。」
　　きょう　わたし　　　　　　　び
　B「（　　　　） に なりましたか。」
　A「22 さいです。」
　　１ なんさい　　２ いつ　　　　　３ どの　　　　　４ どんな

❻ A「カレーライス ひとつと、こうちゃを ひとつ、（　　　　）。」
　B「かしこまりました。」
　　１ もらいました　２ あげます　　３ おねがいします　４ いいです

❼ A「この かんじの かきかたを （　　　　） ください。」
　B「いいですよ。」
　　１ おしえます　　２ おしえる　　３ おしえて　　　４ おしえ

❽ この くるまは （　　　　）、きれいですね。
　　１ 青い　　　　　２ 青くて　　　　３ 青くない　　　４ 青かった
　　あお　　　　　　あお　　　　　　あお　　　　　　あお

70

もんだい2 ___★___に 入る ものは どれですか。いちばん いい ものを 一つ えらんで ください。

❶ スーパーで ____ ____ __★__ ____、うちへ かえります。

　　１　かいもの　　２　を　　　　３　して　　　　４　から

❷ 日曜日、田中さんと ____ ____ __★__ ____ いっしょに かいものに 行きました。

　　１　田中さん　　２　いもうと　　３　と　　　　４　の

もんだい3 ❶から ❸に 何を 入れますか。いちばん いい ものを 一つ えらんで ください。

今日は 日本へ ❶ はじめての 私の たんじょう日です。でも、ひとりです。明日から しけんで、友だちは みんな いそがしいからです。ちょっと さびしいですが、私も 今 しけんの 勉強を ❷ 。❸ 、しけんの あと、友だちと たんじょう日パーティーを します。うちで、たくさん 料理を 作ります。楽しみです。

❶　１　来たから　　２　来るから　　３　来たいから　　４　来てから

❷　１　しています　　　　　　２　します
　　３　して ください　　　　４　しませんでした

❸　１　もっと　　２　あまり　　３　でも　　　４　では

第14回
だい　　　かい

10分　　　/13

もんだい1 　（　　）に　何を　入れますか。いちばん　いい　ものを　一つ　えらんで　ください。
なに　い　　　　　　　　　　　　　　　　　　　ひと

❶ 学校で　友だち　（　　　　）　話しました。
がっこう　とも　　　　　　　　　はな

　　１　や　　　　　２　で　　　　　　３　を　　　　　　４　と

❷ あの　みち　（　　　　）　とおって、えきへ　行きましょう。
　　　　　　　　　　　　　　　　　　　い

　　１　が　　　　　２　か　　　　　　３　に　　　　　　４　を

❸ 今日は　さいふの　中　（　　　　）　100えんしか　ありません。
きょう　　　　　　なか

　　１　を　　　　　２　に　　　　　　３　で　　　　　　４　が

❹ ごはんを　（　　　　）　あとで、この　くすりを　のみます。

　　１　食べる　　　２　食べた　　　３　食べて　　　４　食べない
　　　た　　　　　　　た　　　　　　　た　　　　　　　た

❺ 休みの　日は、かいものを　（　　　　）　たり、おんがくを　きいたり　します。
やす　　ひ

　　１　し　　　　　２　する　　　　３　して　　　　４　した

❻ A「私が　その　かばんを　（　　　　）。」
　　わたし

　B「だいじょうぶです。ありがとうございます。」

　　１　もちましたか　　　　　　　　２　もちましょうか

　　３　もちませんか　　　　　　　　４　もたなかったです

❼ （　　　　）　まえに、エアコンを　けします。

　　１　出かける　　　２　出る　　　３　出ます　　　４　出た
　　　で　　　　　　　で　　　　　で　　　　　　で

❽ A「ほっかいどうは　どうでしたか。」

　B「きれいでした。あまり　（　　　　）　ですよ。」

　　１　さむくなかった　　　　　　　２　さむかった

　　３　うすくなかった　　　　　　　４　あつかった

もんだい2 ___ ★ ___ に 入る ものは どれですか。いちばん いい ものを 一つ えらんで ください。

❶ ここから 京都まで ___ ___ ★ ___ かかります。

　　1　ぐらい　　　　2　車　　　　　3　で　　　　　4　3時間

❷ 山田さんの たんじょう日に ___ ___ ★ ___ と
　おなじ ものです。

　　1　あげた　　　　2　は　　　　　3　これ　　　　4　ペン

もんだい3 ❶ から ❸ に 何を 入れますか。いちばん いい ものを 一つ えらんで ください。

　　私の へやは、駅に 近くて ❶ 、あまり 広くないです。つく
えと ベッドと 本だなが ❷ 。休みの 日は、いつも そうじを
します。だいどころは きれいです。料理を ぜんぜん しないからです。
よく まどの 外 ❸ 黒い ねこが います。ときどき 写真を
とります。とても かわいいです。

❶　1　便利　　　　　　　　　　　2　便利
　　3　便利ですが　　　　　　　　4　便利ですから

❷　1　います　　　2　あります　　3　いました　　4　ありました

❸　1　が　　　　　2　を　　　　　3　で　　　　　4　に

第15回
だい　　かい

10分　　　　/13

もんだい1　（　）に　何を　入れますか。いちばん　いい　ものを　一つ　えらんで　ください。
なに　い　　　　　　　　　　　　　　　　　　　　　　ひと

❶ これは　中国　（　　　　）　本です。ぜんぶ　中国語です。
ちゅうごく　　　　　　　ほん　　　　　　　ちゅうごくご

　　１　で　　　　　　　２　に　　　　　　３　の　　　　　　４　を

❷ 私は　ときどき　おさけ　（　　　　）　のみます。
わたし

　　１　を　　　　　　　２　が　　　　　　３　に　　　　　　４　で

❸ A「きのう　どこかへ　行きましたか。」
い
　　B「いいえ、（　　　　）　行きませんでした。」
い

　　１　ここも　　　　２　そこも　　　　３　あそこも　　　４　どこも

❹ 山田さんと　（　　　　）　あとで、しゃちょうと　話しました。
やまだ　　　　　　　　　　　　　　　　　　　　　　はな

　　１　話す　　　　　２　話します　　　３　話して　　　　４　話した
　　　はな　　　　　　　はな　　　　　　　はな　　　　　　　はな

❺ 今　いちばん　くるまが　（　　　　）　です。
いま

　　１　かって　　　　２　ください　　　３　うって　　　　４　ほしい

❻ 私の　へやは　（　　　　）　きたないです。
わたし

　　１　せまくて　　２　せまい　　　　３　せまくって　　４　せまかったり

❼ よる　アルバイトから　（　　　　）　から、ごはんを　食べます。
た

　　１　かえります　　２　かえって　　３　かえる　　　　４　かえり

❽ A「すみません。さむいですから、まどを　（　　　　）　ください。」
　　B「わかりました。」

　　１　あけ　　　　　２　あけた　　　　３　あけないで　　４　あけて

もんだい2 ___★___ に 入る ものは どれですか。いちばん いい ものを 一つ えらんで ください。

❶ 私は _____ _____ ___★___ _____ の 友だちと サッカーを します。

　　１　日本人　　　　２　一週間　　　３　2回　　　　　４　に

❷ 今の _____ _____ ___★___ _____ へやに すみたいです。

　　１　より　　　　　２　へや　　　　３　もう少し　　４　広い

もんだい3 ❶から ❸に 何を 入れますか。いちばん いい ものを 一つ えらんで ください。

> 　今日、友だちが 私 ❶ 「今 何が いちばん ほしいですか。」
> と 聞きました。
> 　私は ❷ 答えました。
> 「ひこうきの チケットです。家族に 会いたいからです。」
> 　それを 聞いて、友だちが 「そうですね。私も 国の 家族に とても
> 会いたいです。」と 言いました。
> 　友だちも 同じです。まいばん 家族と 電話を ❸ が、ちょっと
> さびしいです。こんど 国に 帰るときは、家族に たくさん おみやげ
> を 買います。

❶　１　に　　　　　　２　も　　　　　　３　で　　　　　４　は

❷　１　では　　　　　２　もっと　　　　３　すぐ　　　　４　とても

❸　１　しないです　　　　　　　　　　２　しました
　　３　したかったです　　　　　　　　４　しています

75

テーマ別ミニ特訓講座
べつ とっくんこうざ
Mini-Courses Based on Themes ／ Khóa học mini theo chủ đề

1. 助詞①
じょし

1	**が**	田中さんが 来ます。 たなか き	subject chủ ngữ
		つくえの 上に ケーキが あります。 うえ	exitence tồn tại
		新しい くつが ほしいです。 あたら	target of emotions (desire) đối tượng của cảm xúc
		私は 2時が いいです。 わたし じ	target of selection đối tượng lựa chọn
		私は 春が すきです。 わたし はる	target of emotions đối tượng cảm xúc
2	**を**	私は コーヒーを 飲みます。 わたし の	direct objection tân ngữ trực tiếp
		8時に いえを 出ます。 じ て	starting point of action điểm bắt đầu của hành động
		つぎの 角を 右に 曲がります。 かど みぎ ま	point passed through điểm đi qua
		毎朝、この 道を 通ります。 まいあさ みち とお	route quãng đường
3	**に**	つくえの うえに ノートが あります。	place, location địa điểm, vị trí
		せんせいに あいます。	direct objection đối tượng trực tiếp
		彼は トイレに 行きました。 かれ い	objective point địa điểm đến
4	**で**	バスで 行きます。 い	means cách thức
		いえで 食べます。 た	location of action địa điểm hành động
5	**へ**	来月 大阪へ 行きます。 らいげつ おおさか い	destination or direction điểm đến hoặc phương hướng
6	**と**	かのじょは 日本人と けっこんしました。 にほんじん	interactive actions hành động tương tác
		にわに 父と 母が います。 ちち はは	enumeration liệt kê

7	から	私は　アメリカから　来ました。	starting point of something điểm bắt đầu của sự việc
		としょかんは　9時からです。	starting point of something điểm bắt đầu của sự việc
8	まで	お店は　9時までです。	spatial and temporal limits giới hạn cuối
		この　電車は　大阪まで　行きます。	spatial and temporal limits giới hạn cuối
9	や	今、やさいや　くだものが　高いです。	parallel liệt kê

確認ドリル

① あの　女の　人（a.が　b.や）　すずき先生です。

② まいあさ　パン（a.を　b.に）　食べます。

③ 早く　バス（a.を　b.に）　のって　ください。

④ かぞくは　フランス（a.に　b.へ）　います。

⑤ テレビが　ないですから、パソコン（a.で　b.を）　えいがを　見ます。

⑥ これから　どこ（a.から　b.へ）　行きますか。――デパートへ　行きます。

⑦ としょかんで　ともだち（a.や　b.と）　べんきょうします。

⑧ しごとは　10じ（a.から　b.に）　です。

⑨ お店は　何時（a.まで　b.に）　ですか。

⑩ スポーツが　すきで、サッカー（a.の　b.や）　テニスを　よく　見ます。

2. 助詞②
じょし

1	は	わたしは　りゅうがくせいです。	subject chủ ngữ
		ちちは　せが　高いです。 たか	subject, theme chủ ngữ, chủ đề
		きのうは　テニスを　しました。	topic, theme chủ đề, đề tài
		肉は　すきですが、魚は　あまり　すきではありません。 にく　　　　　　　　さかな	comparison so sánh
2	も	明日も　雨です。 あした　あめ	addition thêm vào
		妹も　弟も　ピアノを　ならって　います。 いもうと　おとうと	addition thêm vào
		何も　知りません。 なに　し	complete negation phủ định hoàn toàn
3	には	れいぞうこには　飲みものが　少し　ありました。 の　　　　　　　すこ	place or direction địa điểm hoặc phương hướng
4	でも	いえでも　めがねを　かけています。	even, also, as well cả, cũng
5	か	いっしょに　こうえんに　行きませんか。 い	question câu hỏi
		ペンか　えんぴつを　かしてください。	alternative lựa chọn

確認ドリル

❶ こんばん（ a.か　b.を ）　明日の　朝に　電話します。
あした　あさ　でんわ

❷ ワンさん（ a.を　b.は ）　いしゃですか。

❸ ホテルの　へや（ a.には　b.でも ）Wi-Fi も　ありました。

❹ 私は　ごはん（ a.が　b.も ）パンも　すきです。
わたし

❺ きょうしつに　行きましたが、だれ（ a.も　b.は ）　いませんでした。
い

❻ グエンさん（ a.は　b.も ）　何を　飲みますか。——じゃ、こうちゃを　飲みます。
なに　の　　　　　　　　　　　　　　　　　　　　の

❼ この　アニメは　私の　国（ a.には　b.でも ）　ゆうめいです。
わたし　くに

❽ バス（ a.でも　b.から ）東京駅へ　行く　ことが　できます。
とうきょうえき　い

❾ 休みの　日（ a.で　b.は ）　いつも　何を　しますか。
やす　ひ　　　　　　　　　　なに

❿ もう　1こ　食べません（ a.よ　b.か ）。——じゃ、いただきます。
た

3. 疑問詞（いつ・どこ・だれ・なに・どうして…）　Interrogatives ／ Từ nghi vấn
ぎ もん し

1	どれ	which cái nào	田中さんの　かばんは　どれですか。 た なか
2	だれ	who ai	あの　人は　だれですか。 ひと
3	なに	What cái gì	けさ、何を　食べましたか。 なに　た
4	いつ	When khi nào	たんじょう日は　いつですか。 び
5	どこ	Where ở đâu	トイレは　どこですか。
6	どうして	Why vì sao	どうして　パーティーに　来ませんでしたか。 き
7	どなた	Who ai (lịch sự)	あの　方は　どなたですか。 かた
8	どちら	Which cái nào (lịch sự)	コーヒーと　こうちゃ、どちらが　いいですか。
9	いくつ	How many mấy cái	ケーキは　いくつ　ありますか。／今、おいくつですか。 いま
10	なんじ	What time mấy giờ	えいがは　何時からですか。 なん じ

確認ドリル

❶ この　中で　（a. どの　b. どれ）が　いいですか。
なか

❷ この　しゃしんの　人は　（a. だれ　b. どれ）ですか。
ひと

❸ 休みの　日は　（a. なに　b. だれ）を　しますか。
やす　ひ

❹ スミスさんは　（a. なんじ　b. いつ）　日本に　来ましたか。
に ほん　き

❺ 夏休みは　（a. どこ　b. だれ）に　行きますか。
なつやす　い

❻ きのう　（a. どうして　b. いつ）　学校を　休みましたか。
がっこう　やす

❼ この　しゃしんの　人は　（a. どうして　b. どなた）ですか。
ひと

❽ 先生は　（a. どれ　b. どちら）に　いらっしゃいますか。
せんせい

❾ 2かいに　へやは　（a. なんつ　b. いくつ）　ありますか。

❿ ひこうきは　（a. なんじ　b. いつ）に　着きますか。
つ

4. 文型①
ぶんけい

1	〜とき	when~ khi ~	えいがを 見るとき、めがねを かけます。 み 大学へ 行くとき、バスに 乗ります。 だいがく い の
2	〜てある	have ~ (p.p.) đã ~	飲みものは 買って あります。 の か へやは、もう そうじして あります。
3	〜ている	be ~ing đang ~	子どもは まだ ねています。 こ 社長は いま 電話を して います。 しゃちょう てんわ
4	〜たり〜たり	~ or ~, ~ and ~ lúc làm ~ lúc làm ~	今日は 本を 読んだり そうじしたり しました。 きょう ほん よ 子どもたちは、走ったり ボールで 遊んだり して こ はし あそ います。
5	〜ながら	while ~ing vừa ~ vừa ~	よく おんがくを 聞きながら べんきょうします。 き 彼は、はたらきながら 大学に 通って います。 かれ だいがく かよ
6	〜という	called ~ gọi là ~	「ふじや」と いう お店を 知って いますか。 みせ し みんなで 「さくら」と いう うたを うたいました。
7	〜だけ	only ~ chỉ	土よう日だけ アルバイトを して います。 ど び スーパーで バターだけ 買いました。 か
8	〜など	~ and so on vân vân	スーパーで 肉や やさいなどを 買いました。 にく か 大学の 食堂で、カレーや ラーメンなどを よく だいがく しょくどう 食べます。 た
9	〜くらい	about ~ khoảng	えきで 1時間ぐらい 待ちました。 じかん ま 何時 くらいに 出かけますか。 なんじ で
10	〜たち	pluralizing suffix for people and animals các ~, chúng ~	私たちは 9月に けっこんします。 わたし がつ 店には、若い 人たちも たくさん 来て いました。 みせ わか ひと き

確認ドリル

❶ 私は　ごはんを　食べる　（a. じき　b. とき）、はしを　使います。

❷ だれも　いませんから、でんきが　けして　（a. います　b. あります）。

❸ まだ　雨が　（a. ふっています　b. ふりましょう）。

❹ 友だちと　えいがを　見たり　買いものを　（a. したり　b. すたり）しました。

❺ 毎朝、しんぶんを　（a. 読み　b. 読む）ながら　ごはんを　食べます。

❻ これは　「さくら」　（a. とする　b. という）　花です。

❼ ここに　名前　（a. だけ　b. たり）書いて　ください。

❽ つくえの　上に　本や　ペン　（a. など　b. たり）が　あります。

❾ ここから　東京まで　30分　（a. まだ　b. くらい）　かかります。

❿ こうえんで　こども　（a. たち　b. たり）が　あそんでいます。

実戦ドリル　文法

1
2
3
4
5
6
7
8
9
10
11
12
13
14
15

特訓

5. 文型② ぶんけい

1	～ごろ	around~ khoảng ~	きのうは 9じごろ うちに かえりました。 子どもの ころ、よく ここで あそびました。
2	～じゅう	all around~ khắp ~	世界じゅうを りょこうしたいです。 熱が 高くて、体じゅうが いたかったです。
		all ~ long suốt ~	さいきんは 一日じゅう 図書館に います。 この 店は、一年中 開いて います。
3	～たいです	want to~ muốn ~	早く かぞくに 会いたいです。 私も パーティーに 行きたかったです。
4	～がほしい	want~ muốn có ~	新しい くつが ほしいです。 もう 少し 時間が ほしかったです。
5	～前に まえ	before~ trước khi ~	ねる 前に 少し 本を 読みます。 友だちに 会う 前に ゆうびんきょくに 行きました。
6	～たあと（で）	after~ sau khi ~	そうじした あと、少し さんぽしました。 夕はんを 食べた あとで おふろに 入ります。
7	～てから	~, and sau khi ~	お金を 入れてから ボタンを おします。 いえに 帰ってから 母に 電話しました。
8	～つもり	intend to~ định ~	夏休みに 本を 5さつ 読む つもりです。 1週間 くらい 国に 帰る つもりです。
9	あまり～ない	not ~ so much không ~ lắm	今日は あまり さむくないですね。 へやに テレビは ありますが、あまり 見ません。
10	～しかない	(have) only~, there is nothing but~ chỉ ~	今、1000円しか 持って いません。 5分前ですが、まだ 私しか 来て いません。

確認ドリル

❶ いつも　8じ（a.ごろ　b.にごろ）、いえを　出ます。

❷ 日本（a.じゅう　b.なか）の　子どもが　この　歌を　歌って　います。

❸ おいしい　ラーメンを　（a.たべます　b.たべたい）です。

❹ 着る　ものが　ないですから、新しい　ふくが（ほし　b.ほしい）です。

❺ ごはんを　食べる（a.まえに　b.あとに）手を　あらいましょう。

❻ 大学を　出た（a.など　b.あと）、日本で　はたらきたいです。

❼ べんきょうして（a.くらい　b.から）、テレビを　見ます。

❽ 秋に　京都へ　行く（a.つもり　b.はず）です。

❾ この　本は、あまり（a.おもしろかった　b.おもしろくなかった）です。

❿ 彼に　電話したいですが、名前（a.しか　b.だけ）知りません。

Part 3

模擬試験
も　ぎ　し　けん
Mock Examinations
Bài thi thử

文字・語彙
も　　じ　　　　ご　　い

第1回〜第3回
だい　かい　　　だい　かい

文　法
ぶん　　ぼう

第1回〜第3回
だい　かい　　　だい　かい

文字・語彙
もじ　ごい

もんだい1　＿＿＿の　ことばは　ひらがなで　どう　かきますか。
1・2・3・4から　いちばん　いい　ものを　ひとつ　えらんで
ください。

1　先週の　きんようび、デパートへ　いきました。

　1　せんじゅう　　2　ぜんじゅう　　3　せんしゅう　　4　ぜんしゅう

2　小さい　かばんが　ほしいです。

　1　こさい　　　　2　こうさい　　　3　ちいさい　　　4　ちさい

3　わたしは　魚が　あまり　すきでは　ありません。

　1　さかな　　　　2　にく　　　　　3　やさい　　　　4　くだもの

4　あした　かいしゃを　休みます。

　1　きゅみ　　　　2　きゅうみ　　　3　やみ　　　　　4　やすみ

5　おおさかに　6か月　すみました。

　1　ろかげつ　　　2　ろっかげつ　　3　ろくかげつ　　4　ろうかげつ

6　駅の　なかで　まって　います。

　1　えき　　　　　2　へや　　　　　3　はこ　　　　　4　みせ

模擬試験

第1回 文字・語彙
第2回 文字・語彙
第3回 文字・語彙
第1回 文法
第2回 文法
第3回 文法

7　わたしの　ケータイは　古いです。

1　ほそい　　　　2　うすい　　　　3　かるい　　　　4　ふるい

8　この　ほんを　2かい　読みました。

1　ようみ　　　　2　よみ　　　　3　よんみ　　　　4　よっみ

9　9じに　電話を　かけて　ください。

1　てんわ　　　　2　てんは　　　　3　でんわ　　　　4　でんは

10　えきから　かいしゃまで　あるいて　三十分　かかります。

1　さんじゅっふん　　　　　　　2　さんじゅっぷん
3　さんじゅふん　　　　　　　　4　さんじゅぷん

11　この　道は　人が　多い　です。

1　おおい　　　2　おおいい　　　3　おいい　　　4　おい

12　毎日　コーヒーを　飲みます。

1　めいじつ　　　2　めいにち　　　3　まいじつ　　　4　まいにち

もんだい2 ＿＿＿の ことばは どう かきますか。 1・2・3・4から いちばん いいものを ひとつ えらんでください。

13 スーパーへ おひるごはんを かいに 行きます。

1 質い　　　　　2 買い　　　　　3 貟い　　　　　4 真い

14 さいふは かばんの なかに あります。

1 前　　　　　2 上　　　　　3 間　　　　　4 中

15 あたらしい ぱそこんが ほしいです。

1 パシコソ　　　2 パシコン　　　3 パソコソ　　　4 パソコン

16 きのうから みぎの あしが いたいです。

1 口　　　　　2 手　　　　　3 足　　　　　4 目

17 こんしゅうは やすみが おおいです。

1 大い　　　　　2 多い　　　　　3 長い　　　　　4 高い

18 あには ほんを たくさん もって います。

1 本　　　　　2 木　　　　　3 書　　　　　4 画

模擬試験

第1回 文字・語彙

第2回 文字・語彙

第3回 文字・語彙

第1回 文法

第2回 文法

第3回 文法

19 なつやすみに　よーろっぱへ　りょこうに　いきます。

1　コーコッパ　　　　　　　　2　コーロッパ

3　ヨーコッパ　　　　　　　　4　ヨーロッパ

20 ちちは　おさけを　のみません。

1　食み　　　　2　飲み　　　　3　飯み　　　　4　館み

もんだい3 （　　　）に なにが はいりますか。1・2・3・4から
　　　　　　いちばん いいものを ひとつ えらんでください。

21 （　　　　）を わたって、まっすぐ いって ください。

　1 しんごう　　　2 かど　　　　　　3 ぎんこう　　　4 ちず

22 いえに あがる とき、くつを （　　　　）。

　1 だします　　　2 とります　　　3 ぬぎます　　　4 けします

23 （　　　　）に きて ください。

　1 どんな　　　2 あの　　　　　3 それ　　　　　4 こっち

24 これは （　　　　）な たてものですね。

　1 いや　　　　2 りっぱ　　　3 きらい　　　　4 たいへん

25 A「（　　　　）。」
　　B「おつかれさまでした。」

　1 おねがいします　　　　　　　2 おさきにしつれいします
　3 おげんきで　　　　　　　　　4 ごめんなさい

模擬試験

文字・語彙 第1回

文字・語彙 第2回

文字・語彙 第3回

文法 第1回

文法 第2回

文法 第3回

26 A「いらっしゃいませ。」
　　B「すみません、えいごの　（　　　　）　は　ありますか。」

　1　ニュース　　　　2　メール　　　　3　メニュー　　　4　ノート

27 わたしは　たかい　ところが　（　　　　）　です。

　1　こわい　　　　　2　さびしい　　　3　かなしい　　　4　きたない

28 しゅくだいが　（　　　　）　おわりました。

　1　あまり　　　　　2　おおぜい　　　3　もっと　　　　4　はんぶん

29 ふつかまえに　かぜを　（　　　　）　ました。

　1　なり　　　　　　2　つけ　　　　　3　とり　　　　　4　ひき

30 5じに　いえに　かえりました。（　　　　）　ごはんを　つくりました。

　1　でも　　　　　　2　それから　　　3　しかし　　　　4　から

もんだい4 ＿＿＿の ぶんと だいたい おなじ いみの ぶんが
あります。1・2・3・4から いちばん いい ものを ひとつ
えらんで ください。

31 わたしの へやには テーブルが ありません。

1 わたしの へやには まどが ありません。

2 わたしの へやには いすが ありません。

3 わたしの へやには つくえが ありません。

4 わたしの へやには とが ありません。

32 あとで メールを します。

1 あとで メールを みます。

2 あとで メールを よみます。

3 あとで メールを かいます。

4 あとで メールを おくります。

33 この ドラマは つまらないです。

1 この ドラマは まじめではないです。

2 この ドラマは おもしろくないです。

3 この ドラマは ゆうめいではないです。

4 この ドラマは あたらしくないです。

模擬試験

第1回 文字・語彙
第2回 文字・語彙
第3回 文字・語彙
第1回 文法
第2回 文法
第3回 文法

34　ここまで　どうやって　きましたか。

1　ここまで　なにで　きましたか。

2　ここまで　どうして　きましたか。

3　ここまで　いつ　きましたか。

4　ここまで　だれと　きましたか。

35　A「すみません。」
　　B「いえ、だいじょうぶですよ。」

1　おげんきですか。

2　おねがいします。

3　ありがとうございます。

4　ごめんなさい。

文字・語彙
も じ ご い

第2回
だい　かい

25分　　　/35

もんだい1 ＿＿＿の ことばは ひらがなで どう かきますか。
1・2・3・4から いちばん いい ものを ひとつ えらんで
ください。

1 けさ 魚を たべました。

1 にく　　　　　2 たまご　　　　3 とり　　　　4 さかな

2 かぞくは 四にんです。

1 よ　　　　　　2 し　　　　　　3 よん　　　　4 よう

3 あしたは 土ようびです。

1 か　　　　　　2 すい　　　　　3 ど　　　　　4 にち

4 いま 午後1じです。

1 ごぜん　　　　2 ごご　　　　　3 ひる　　　　4 よる

5 足が いたいです。

1 あたま　　　　2 あし　　　　　3 て　　　　　4 め

模擬試験

第1回 文字・語彙
第2回 文字・語彙
第3回 文字・語彙
第1回 文法
第2回 文法
第3回 文法

6 <u>外国</u>へ　いきたいです。

1　かいがい　　　2　タイ　　　　　3　がいこく　　　4　かんこく

7 かさが　<u>三本</u>　あります。

1　さんほん　　　2　さんぽん　　　3　さんぼん　　　4　さんぱん

8 <u>先月</u>　にほんへ　きました。

1　せんげつ　　　2　こんげつ　　　3　せんがつ　　　4　こんがつ

9 ここから　うちまで　<u>三十分</u>　かかります。

1　さんじゅうぷん　　　　　　　2　さんじゅうふん
3　さんじゅうぷん　　　　　　　4　さんじゅっぷん

10 <u>病気</u>に　なりました。

1　かぜ　　　　　2　ねつ　　　　　3　げんき　　　　4　びょうき

11 こうえんに　<u>木</u>が　あります。

1　はな　　　　　2　てつ　　　　　3　もく　　　　　4　き

12 また　あした　<u>電話</u>します。

1　でんわ　　　　2　れんらく　　　3　でんごん　　　4　はなし

もんだい2　＿＿＿の　ことばは　どう　かきますか。　1・2・3・4から
　　　　　　いちばん　いいものを　ひとつ　えらんでください。

13　わたしの　まちの　かわは　きれいです。

　1　山　　　　　　　2　川　　　　　　　3　海　　　　　　　4　水

14　まいあさ　コーヒーを　のみます。

　1　毎晩　　　　　　2　毎昼　　　　　　3　毎朝　　　　　　4　毎夜

15　ほんを　かいます。

　1　貝います　　　2　見います　　　3　買います　　　4　書います

16　まいあさ　みるくを　のみます。

　1　シルク　　　　2　シリワ　　　　3　ミレワ　　　　4　ミルク

17　あねは　がくせいです。

　1　兄　　　　　　　2　姉　　　　　　　3　妹　　　　　　　4　弟

18　きょうは　ひとが　すくないです。

　1　小ない　　　　2　小くない　　　3　少ない　　　　4　少くない

19 うちへ　かえります。

1　回ります　　　2　回えります　　3　帰ります　　　4　帰えります

20 えいがを　みます。

1　英画　　　　　2　映面　　　　　3　映画　　　　　4　英面

模擬試験

第1回 文字・語彙
第2回 文字・語彙
第3回 文字・語彙

第1回 文法
第2回 文法
第3回 文法

もんだい3 （　　　）に　なにが　はいりますか。1・2・3・4から
　　　　　　いちばん　いいものを　ひとつ　えらんでください。

21　まいにち　シャワーを　（　　　　　）。

　1　はいります　　2　とります　　　3　あびます　　　4　もちます

22　わたしは　21 さいです。（　　　　　）は　22 さいです。

　1　あね　　　　　2　おとうと　　　3　いもうと　　　4　りょうしん

23　スーパーで　せんせいに　（　　　　　）。

　1　あいました　　2　みました　　　3　まちました　　4　いいました

24　きのう　（　　　　）すしを　たべました。

　1　ときどき　　　2　いつも　　　　3　あとで　　　　4　はじめて

25　めがねを　（　　　　）。

　1　かぶります　　2　かけます　　　3　ぬぎます　　　4　はきます

26　（　　　　）にほんごが　わかります。

　1　ちょうど　　　2　ちょっと　　　3　ゆっくり　　　4　たいへん

27 すきな （　　　　） は　サッカーです。

1　ドラマ　　　　2　レポート　　　3　スポーツ　　　4　コンサート

28 つぎの （　　　　） を　まがって　ください。

1　かど　　　　　2　のりば　　　　3　みぎ　　　　　4　いりぐち

29 （　　　　）この　みせで　かいものします。

1　たいへん　　　2　とても　　　　3　よく　　　　　4　あまり

30 あした　レポートを （　　　　）。

1　しつもんします　　　　　　2　だします
3　わかります　　　　　　　　4　はなします

模擬試験

第1回 文字・語彙
第2回 文字・語彙
第3回 文字・語彙
第1回 文法
第2回 文法
第3回 文法

もんだい4 ＿＿＿の ぶんと だいたい おなじ いみの ぶんが
あります。1・2・3・4から いちばん いい ものを ひとつ
えらんで ください。

31 けさ せんたくしました。

1 きのう ふくを かいました。
2 きょうの あさ ふくを あらいました。
3 きのう ふくを あらいました。
4 きょうの あさ ふくを かいました。

32 9じから 5じまで はたらきます。

1 9じから 5じまで しごとを します。
2 9じから 5じまで べんきょうします。
3 9じから 5じまで やすみます。
4 9じから 5じまで ねます。

33 やまださんは フランスごが できます。

1 やまださんは フランスごが すきです。
2 やまださんは フランスごの きょうしです。
3 やまださんは フランスごが へたです。
4 やまださんは フランスごが わかります。

模擬試験

第1回 文字・語彙
第2回 文字・語彙
第3回 文字・語彙
第1回 文法
第2回 文法
第3回 文法

34 じゅぎょうを　うけます。

1　じゅぎょうを　します。

2　じゅぎょうに　いいます。

3　じゅぎょうを　やめます。

4　じゅぎょうに　でます。

35 ともだちと　しょくじします。

1　ともだちと　かいものします。

2　ともだちと　りょこうします。

3　ともだちと　おさけを　のみます。

4　ともだちと　ごはんを　たべます。

文字・語彙
もじ　ごい

第3回
だい　かい

25分　　/35

もんだい1 ＿＿＿の ことばは ひらがなで どう かきますか。
1・2・3・4から いちばん いい ものを ひとつ えらんで ください。

1 はこは ほんだなの 右に ありますよ。

　1 うえ　　　　　2 した　　　　　3 みぎ　　　　　4 ひだり

2 へやの 電気が きえて います。

　1 でんき　　　　2 つくえ　　　　3 いす　　　　　4 ふく

3 金ようびまでに レポートを かきます。

　1 げつようび　2 すいようび　3 もくようび　4 きんようび

4 あとで やまださんと 話したいです。

　1 はなしたい　2 かえしたい　3 かしたい　　4 だしたい

5 つくえが 二つ あります。

　1 ひとつ　　　　2 ふたつ　　　　3 みっつ　　　　4 よっつ

模擬試験

第1回 文字・語彙
第2回 文字・語彙
第3回 文字・語彙
第1回 文法
第2回 文法
第3回 文法

6 ここを 切って ください。

1 はしって　　　2 きって　　　　3 もって　　　　4 いって

7 先週 がっこうを やすみました。

1 せんしゅ　　　2 せんしゅう　　3 ぜんしゅ　　　4 ぜんしゅう

8 わたしの へやは 広いです。

1 せまい　　　　2 おおきい　　　3 ひろい　　　　4 ちいさい

9 青い ペンを かいました。

1 あかい　　　　2 あおい　　　　3 しろい　　　　4 くろい

10 半年まえに にほんに きました。

1 はんとし　　　2 ばんとし　　　3 はんどし　　　4 ばんどし

11 ぜんぶで 八千円でした。

1 はちせんえん　　　　　　　　2 はっせんえん
3 ろくせんえん　　　　　　　　4 ろっせんえん

12 あぶないですから、そこに 立たないで ください。

1 うたないで　　2 たたないで　　3 またないで　　4 もたないで

もんだい2 _____の ことばは どう かきますか。 1・2・3・4から
いちばん いいものを ひとつ えらんでください。

13 えいごで かいわを します。

1 合話   2 合語   3 会話   4 会語

14 この スーパーは やすいです。

1 安い   2 高い   3 広い   4 白い

15 ぜんぜん おかねが ありません。

1 火   2 木   3 水   4 金

16 きょうしつに いすが やっつ あります。

1 三つ   2 四つ   3 六つ   4 八つ

17 これは わたしの くにの りょうりです。

1 日   2 国   3 西   4 円

18 ベトナムごが ちょっと わかります。

1 語   2 話   3 読   4 試

19 きのうの　かいぎは　ながかったです。

　1　近かった　　　2　高かった　　　3　短かった　　　4　長かった

20 たくしーに　のりましょう。

　1　クタシー　　　2　タクシー　　　3　クタツー　　　4　タクツー

模擬試験

第1回 文字・語彙
第2回 文字・語彙
第3回 文字・語彙
第1回 文法
第2回 文法
第3回 文法

もんだい3 （　　　）に　なにが　はいりますか。1・2・3・4から
　　　　　　いちばん　いいものを　ひとつ　えらんでください。

21 この　いすに　（　　　　　）　いいですか。

1　はしっても　　2　もっても　　　3　すわっても　　4　かっても

22 あたまが　（　　　　　）　ですから、がっこうを　やすみます。

1　さむい　　　　2　せまい　　　　3　いたい　　　　4　かるい

23 らいしゅうから　たなかさんに　ピアノを　（　　　　　）。

1　ならいます　　2　はじめます　　3　ならべます　　4　しめます

24 きょうの　えいごの　しけんは　（　　　　　）　です。

1　やすかった　　　　　　　　　2　いたかった
3　ちいさかった　　　　　　　　4　むずかしかった

25 （　　　　　）　が　よく　わかりませんから、ちずを　みましょう。

1　みみ　　　　　2　かぎ　　　　　3　あし　　　　　4　みち

26 まいあさ　ラジオで　いろいろな　（　　　　　）　を　ききます。

1　プール　　　　2　ニュース　　　3　テスト　　　　4　ノート

模擬試験

第文字・語彙１回

第文字・語彙２回

第文字・語彙３回

第文法１回

第文法２回

第文法３回

27　しごとが　（　　　　　）　ですから、あそびに　いきません。

1　いたい　　　　2　たいへん　　　3　かわいい　　　4　かるい

28　きょう　やまださんは　ぼうしを　（　　　　　）　いました。

1　かぶって　　　2　きて　　　　　3　よんで　　　　4　はしって

29　さむいですから、（　　　　　）　コーヒーが　のみたいです。

1　やさしい　　　2　かわいい　　　3　おもい　　　　4　あつい

30　あそこの　（　　　　　）　から　はいります。

1　かぜ　　　　　2　どうぶつ　　　3　しんぶん　　　4　いりぐち

もんだい4 ＿＿＿の ぶんと だいたい おなじ いみの ぶんが
あります。1・2・3・4から いちばん いい ものを ひとつ
えらんで ください。

31 わたしの クラスは あそこです。

1 わたしの きょうしつは あそこです。
2 わたしの いえは あそこです。
3 わたしの みせは あそこです。
4 わたしの かいしゃは あそこです。

32 この パソコンは たかかったです。

1 この パソコンは あたらしかったです。
2 この パソコンは よかったです。
3 この パソコンは やすくなかったです。
4 この パソコンは ちいさくなかったです。

33 わたしは まいばん 7じに いきます。

1 わたしは ときどき あさ 7じに いきます。
2 わたしは ときどき よる 7じに いきます。
3 わたしは いつも あさ 7じに いきます。
4 わたしは いつも よる 7じに いきます。

34 ともだちは　田中さんに　おかしを　もらいました。

1　ともだちは　田中さんに　おかしを　あげました。
2　ともだちは　田中さんに　おかしを　かえしました。
3　田中さんは　ともだちに　おかしを　あげました。
4　田中さんは　ともだちに　おかしを　かえしました。

35 あさ、パンを　すこし　たべました。

1　あさ、パンを　たくさん　たべました。
2　あさ、パンを　ちょっと　たべました。
3　あさ、パンを　ふたつ　たべました。
4　あさ、パンを　ぜんぶ　たべました。

模擬試験

第1回　文字・語彙
第2回　文字・語彙
第3回　文字・語彙
第1回　文法
第2回　文法
第3回　文法

文法
ぶんぽう

第1回
だいかい

20分　　/26

もんだい1 （　　　）に 何を 入れますか。1・2・3・4から いちばん
なに　い
　　　　いい ものを 一つ えらんで ください。
ひと

1 田中さん（　　　　）山本さんが、電話を します。
たなか　　　　　　　　やまもと　　　でんわ

　1 か　　　　　2 は　　　　　3 の　　　　　4 を

2 A「駅は どこ ですか。」
　　えき
　B「あの しんごう（　　　　）わたって、まっすぐ 行って ください。」

　1 に　　　　　2 を　　　　　3 へ　　　　　4 が

3 明日 友だちが 私の 家（　　　　）来ます。
あした　とも　　　　わたし　いえ　　　　　　き

　1 が　　　　　2 と　　　　　3 を　　　　　4 に

4 今日は 雨（　　　　）ふって います。
きょう　　あめ

　1 を　　　　　2 が　　　　　3 と　　　　　4 に

5 びょういん（　　　　）はたらいて います。

　1 で　　　　　2 に　　　　　3 が　　　　　4 も

6 あの 方は（　　　　）ですか。
かた

　1 どれ　　　　2 どうして　　3 どなた　　　4 どちら

模擬試験

第1回 文字・語彙
第2回 文字・語彙
第3回 文字・語彙
第1回 文法
第2回 文法
第3回 文法

7　この　店は　土曜日　（　　　　）　たまごが　安いです。

1　だけ　　　　　2　しか　　　　　3　まで　　　　　4　もう

8　かぎは　かばんの　中に　（　　　　）　あります。

1　入る　　　　　2　入って　　　　3　入れる　　　　4　入れて

9　もう　10時です。早く　帰り　（　　　　）。

1　ません　　　　　　　　　　2　ましょう
3　ください　　　　　　　　　4　ないでください

10　2時間　前　（　　　　）　友だちを　待って　いますが、まだ　来ません。

1　もう　　　　　2　から　　　　　3　だけ　　　　　4　しか

11　家から　ここまで　（　　　　）　で　来ましたか。

1　どう　　　　　2　どこ　　　　　3　いつ　　　　　4　なに

12　そうじを　して、へやを　（　　　　）　しました。

1　きれいで　　　2　きれいく　　　3　きれいに　　　4　きれい

13　パソコンが　こわれて、新しい　（　　　　）　を　買いました。

1　と　　　　　　2　な　　　　　　3　の　　　　　　4　に

14 トイレは （　　　　）に　あります。

　1　どちら　　　　2　あっち　　　　3　このかた　　　4　それ

15 きのうは　おふろに　入らない（　　　　）ねました。
　　　　　　　　　　　はい

　1　が　　　　　　2　で　　　　　　3　まえに　　　　4　から

16 （　　　　）日本に　住んで　いますか。
　　　　　　　　にほん　す

　1　どんな　　　　2　どこで　　　　3　いつ　　　　　4　どのぐらい

もんだい2　　★　　に　入る　ものは　どれですか。1・2・3・4から
　　　　　　　　　　　はい
　　　　　　いちばん　いい　ものを　一つ　えらんで　ください。
　　　　　　　　　　　　　　　　　　ひと

（もんだいれい）

　A「＿＿＿　＿＿＿　★　＿＿＿　か。」
　B「山田さんです。」
　　　やまだ

　　　1　です　　　　2　は　　　　　3　あの人　　4　だれ
　　　　　　　　　　　　　　　　　　　　ひと

（こたえかた）

1. ただしい　文を　作ります。
　　　　　　ぶん　つく

> A「＿＿＿　＿＿＿　★　＿＿＿　か。」
> 　3　あの人　2　は　4　だれ　1　です
> 　　　ひと
> B「山田さんです。」
> 　やまだ

模擬試験

第1回 文字・語彙
第2回 文字・語彙
第3回 文字・語彙
第1回 文法
第2回 文法
第3回 文法

2. ___★___に　入（はい）る　ばんごうを　くろく　ぬります。

（かいとうようし）　（れい）　① ② ③ ●

17　子（こ）どもの　____ ____ _★_ ____　で　あそびました。

1　この　　　　　2　こうえん　　3　よく　　　　4　とき

18　リンさんは　____ ____ _★_ ____　人（ひと）です。

1　長（なが）い　　　2　あの　　　3　の　　　　4　かみ

19　今（いま）　____ ____ _★_ ____　います。

1　は　　　　　　2　に　　　　　3　父（ちち）　　　4　アメリカ

20　あの　赤（あか）い　____ ____ _★_ ____　です。

1　かさ　　　　2　私（わたし）　　3　の　　　　4　は

21　この　ケーキは　____ ____ _★_ ____　です。

1　おいしいです　　　　　　　2　が
3　高（たか）い　　　　　　　　4　ちょっと

もんだい3 [22] から [26] に 何を 入れますか。ぶんしょうの いみを
かんがえて、 1・2・3・4から いちばん いい ものを
一つ えらんで ください。

ホアさんと トゥイさんは メールを 書いて、日本人の 友だちに 送
りました。

（1） ホアさんのメール

> 今日 学校で にほんごの テスト [22] ありました。1か月
> に 2かい あります。前の テストの とき、だめでしたから、
> きのうの よる、 [23] べんきょう しました。ねむい ときは、
> おんがくを [24] かんじを れんしゅう しました。

（2） トゥイさんのメール

> 今日の にほんごの テストは [25] です。かんじの もん
> だいは できましたが、わからない ことばが おおかったです。
> もんだいも おおくて たいへんでした。テストが おわった
> あと、すごく つかれました。つぎの テストの ときは、もっと
> たくさん べんきょう [26] 。

22

1 を　　　　　2 に　　　　　3 が　　　　　4 は

23

1 ねてから　　2 ねないで　　3 ねながら　　4 ねたあとで

24

1 聞きたい　　2 聞いている　3 聞いたり　　4 聞きながら

25

1 むずかしかった　　　　　2 むずかしいかった

3 むずかしくなかった　　　4 むずかしいなかった

26

1 しました　　　　　　　　2 します

3 しませんか　　　　　　　4 してください

文法
ぶんぽう

第2回
だい　かい

20分　　/25

もんだい1　（　　　）に　何を　入れますか。1・2・3・4から　いちばん
なに　い
いい　ものを　一つ　えらんで　ください。
ひと

1　りんご　（　　　　）　みっつ　ください。

　1　を　　　　　　2　の　　　　　　3　が　　　　　4　と

2　A「ひるごはんを　食べましたか。」
　　　　　　　　　　　た
　　B「いいえ、（　　　　　）　です。いっしょに　食べませんか。」
　　　　　　　　　　　　　　　　　　　　　　　　た

　1　もう　　　　　2　よく　　　　　3　まだ　　　　4　でも

3　これは　くるま　（　　　　）　ざっしです。

　1　を　　　　　　2　に　　　　　　3　で　　　　　4　の

4　まいにち　おんがくを　（　　　　）　ながら　しんぶんを　よみます。

　1　きいた　　　2　きく　　　　　3　きいて　　　4　きき

5　（びょういんで）
　　いしゃ「いちにち　（　　　　）　3かい　この　くすりを　のんで
　　　　　　ください。」

　1　で　　　　　　2　に　　　　　　3　が　　　　　4　と

模擬試験

第1回 文字・語彙
第2回 文字・語彙
第3回 文字・語彙
第1回 文法
第2回 文法
第3回 文法

6　A「きのう　日本語の　テストを　しました。」
　　B「そうですか。（　　　　）　でしたか。」

　1　どんな　　　　　2　どう　　　　　　3　どちら　　　　　4　どなた

7　この　りんごは、みっつ　（　　　　）　300円です。

　1　が　　　　　　　2　と　　　　　　　3　で　　　　　　　4　に

8　せんしゅう　おおさかへ　いきました。とても　（　　　　）　です。

　1　たのしい　　　　　　　　　　　2　たのしかった
　3　たのしくない　　　　　　　　　4　たのしくなかった

9　A「これ、おおさかの　おみやげです。（　　　　）。」
　　B「わあ、ありがとうございます。」

　1　食べます　　　2　ほしいですね　　3　どうぞ　　　　4　ください

10　あに　（　　　　）　いますが、おとうと　（　　　　）　いません。

　1　は／は　　　　2　が／が　　　　3　も／も　　　　4　と／と

11　リン「今日は　どうも　ありがとうございました。」
　　山田「いいえ。（　　　　）　来て　ください。」

　1　もう　　　　　2　まだ　　　　　3　よく　　　　　4　また

117

12 リン 「明日、山田さんと カラオケに 行きます。グプタさんも
（　　　　）。」
グプタ「あ、行きたいです。」

1　行きませんか　　　　　　　　2　行っていますか
3　行きませんでしたか　　　　　4　行ってましたか

13 私は 小さい とき、魚が すき （　　　　） でした。

1　くない　　　　　　　　　　　2　じゃない
3　ありません　　　　　　　　　4　じゃありません

14 A「 （　　　　） かばんは だれのですか。」
B「あ、私のです。」

1　それ　　　　　2　そこ　　　　　3　その　　　　　4　そんな

15 （店で）
これは ちょっと 高いですね。 （　　　　） 安いのは ありませ
んか。

1　もう　　　　　2　まだ　　　　　3　もっと　　　　4　そして

16 A「しけんは どうでしたか。」
B「とても （　　　　） です。」

1　むずかしい　　　　　　　　　2　むずかしくない
3　むずかしかった　　　　　　　4　むずかしくなかった

もんだい2　____★____　に　入る　ものは　どれですか。1・2・3・4から
いちばん　いい　ものを　一つ　えらんで　ください。

模擬試験
第1回 文字・語彙
第2回 文字・語彙
第3回 文字・語彙
第1回 文法
第2回 文法
第3回 文法

17　うちへ　____　____　★　____　帰ります。

　　1　けいたい電話　2　に　　　　3　を　　　　4　とり

18　駅の前　____　____　★　____　パンを買いました。

　　1　で　　　　2　スーパー　3　に　　　　4　ある

19　私は　____　____　★　____　日本へ　来ました。

　　1　兄　　　　2　に　　　　3　と　　　　4　いっしょ

20　すみません、____　____　★　____　えて　ください。

　　1　ATMの　　2　この　　　3　使い方　　4　を

21　ここ　____　____　★　____　かかりますか。

　　1　から　　　2　まで　　　3　どのくらい　4　くうこう

もんだい3 [22] から [26] に 何を 入れますか。ぶんしょうの いみを かんがえて、 1・2・3・4から いちばん いい ものを 一つ えらんで ください。

リンさんと キムさんは さくぶんを 書いて、クラスの みんなの 前で 読みます。

（1）リンさんの　さくぶん

私は　夏休みに　日本人の　友だちの　家へ　あそびに　[22]。とても　たのしかったです。私は　初めて　日本人の　家へ　行きました　[23]、とても　おもしろかったです。友だちの　お父さんは　高校の　先生　[24]、英語が　上手です。私たちは　日本語と　英語で　話しました。また、行きたいです。

（2）キムさんの　さくぶん

私は　先月、コンビニの　アルバイトを　始めました。[25]　日本語が　わかりませんでしたから、たいへんでした。店の　人は　皆さん、とても　しんせつです。今は　[26]　なれました。しごとは　いそがしいですが、たのしいです。私は　この　アルバイトが　すきです。

模擬試験

第1回 文字・語彙

第2回 文字・語彙

第3回 文字・語彙

第1回 文法

第2回 文法

第3回 文法

22
1　行きます　　　　　　　　　　2　行きました
3　行きません　　　　　　　　　4　行きませんでした

23
1　でも　　　　2　から　　　　3　それから　　　4　そして

24
1　も　　　　2　で　　　　3　に　　　　4　は

25
1　はじめて　　　2　はじめは　　　3　はじめる　　　4　はじめた

26
1　から　　　　2　まで　　　　3　まだ　　　　4　もう

第3回

20分 　/25

もんだい1 （ 　　 ）に 何を 入れますか。1・2・3・4から いちばん
いい ものを 一つ えらんで ください。

---

1 みんなで いっしょ （ 　　 ） プールへ 行きます。

 1 に 　　　　 2 で 　　　　 3 が 　　　　 4 を

---

2 あの スーパー （ 　　 ） 安いですよ。

 1 は 　　　　 2 で 　　　　 3 に 　　　　 4 を

---

3 あまいの （ 　　 ） すきですが、からいの （ 　　 ） にがてです。

 1 を / を 　　 2 は / は 　　 3 へ / に 　　 4 に / を

---

4 あの レストランで、タイ料理 （ 　　 ） ベトナム料理を 食べ
ましょう。

 1 も 　　　　 2 や 　　　　 3 が 　　　　 4 は

---

5 この かばんは かみ （ 　　 ） 作りました。

 1 か 　　　　 2 や 　　　　 3 で 　　　　 4 も

模擬試験

第1回 文字・語彙

第2回 文字・語彙

第3回 文字・語彙

第1回 文法

第2回 文法

第3回 文法

6 松田「あした　山本さんは　行きますか。」
山本「ええ、行きますよ。」
松田「じゃ、私　（　　　　　）　行きます。」

1　で　　　　　　2　か　　　　　　3　も　　　　　　4　や

7 A「なにか　食べますか。」
B「いいえ、今日は　コーヒー　（　　　　　）　で　いいです。」

1　しか　　　　　2　だけ　　　　　3　ぐらい　　　　4　から

8 A「日曜日、いっしょに　（　　　　　）　行きませんか。」
B「ええ、いいですね。」

1　ここか　　　　2　そこか　　　　3　あそこか　　　4　どこか

9 A「あれ？　松田さんは？」
B「むこうで　ジュースを　（　　　　　）　いますよ。」

1　すんで　　　　2　つかれて　　　3　飲んで　　　　4　食べて

10 会社に　（　　　　　）　とき、いつも　コンビニに　行きます。

1　行く　　　　　　　　　　　　　2　行って
3　行きました　　　　　　　　　　4　行きませんでした

11 A「あの　きものを　着て　いる　方は　（　　　　　）　ですか。」
B「田中せんせいですよ。」

1　どこ　　　　　2　どなた　　　　3　どう　　　　　4　どうやって

12 国の りょうしんに はやく （　　　　） たいです。
くに

1 会い　　　　　2 会って　　　　3 会う　　　　4 会え
あ　　　　　　　　あ　　　　　　　　あ　　　　　　　　あ

13 レポートは （　　　　） ぜんぶ 書きました。
か

1 もう　　　　　2 まだ　　　　　3 だけ　　　　4 でも

14 おとうとは 私 （　　　　） せが たかいです。
わたくし

1 から　　　　　2 より　　　　　3 を　　　　　　4 が

15 うちの にわの 木が （　　　　） なりました。
き

1 大きい　　　2 大きく　　　3 大きかった　4 大きくて
おお　　　　　おお　　　　　おお　　　　　　　　おお

16 A「これ、あとで いっしょに （　　　　）。おいしいですよ。」
B「ありがとうございます。」

1 食べて いませんか　　　　　2 食べませんか
た　　　　　　　　　　　　　　　　た

3 食べて いませんでしたか　　　4 食べませんでしたか
た　　　　　　　　　　　　　　　　　た

模擬試験

第1回 文字・語彙

第2回 文字・語彙

第3回 文字・語彙

第1回 文法

第2回 文法

第3回 文法

もんだい2　___★___　に　入る　ものは　どれですか。1・2・3・4から　いちばん　いい　ものを　一つ　えらんで　ください。

17　きのう　友だち　___　___　_★_　___、とても　おもしろかった　です。

　　1　と　　　　　　2　見た　　　　　3　えいが　　　　4　は

18　そうじを　しましたから、____　____　_★_　____　なりました。

　　1　に　　　　　　2　へや　　　　　3　きれい　　　　4　が

19　きのうの　ばん　____　____　_★_　____　は、今日　出します。

　　1　書いた　　　　2　の　　　　　　3　レポート　　　4　えいご

20　A「この　____　____　_★_　____　ください。」
　　B「はい、わかりました。」

　　1　まっすぐ　　　2　を　　　　　　3　行って　　　　4　みち

21　A「しやくしょ　____　____　_★_　____　行きましたか。」
　　B「松田さんと　行きました。」

　　1　は　　　　　　2　と　　　　　　3　へ　　　　　　4　だれ

125

もんだい3 22 から 26 に 何を 入れますか。ぶんしょうの いみを かんがえて、 1・2・3・4から いちばん いい ものを 一つ えらんで ください。

フックさんと リーさんは 「休みの日」の さくぶんを 書いて、クラスの みんなの 前で 読みます。

（1）フックさんの さくぶん

日曜日、私は ときどき 映画館に 映画を 22 。日本語は まだ よく わかりませんから、英語の 映画を 見ます。いつも 一人で 見ますが、先週は ワンさん 23 行きました。とても おもしろい 映画でした。でも 終わった あとで、ワンさんが 私に 言いました。

「あまり 24 ですね」
私は 困って、何も 言いませんでした。

（2）リーさんの さくぶん

先週の 日曜日、川田さんの うちへ 行きました。私は 初めて 日本人の うちへ 行きました。大きい うちでした。川田さん の 家族も いました。みんな いい 人でした。川田さんの お父さんは、おもしろい 話を たくさん します。お母さんは 料理が とても 上手です。いろいろな 料理が ありました。み んなと 話を 25 、たくさん 26 。とても 楽しかったです。

22

1　見に　行きます　　　　　　2　見て　行きます

3　見て　来ます　　　　　　　4　見て　来ます

23

1　を　　　　　2　で　　　　　3　と　　　　　4　は

24

1　おもしろかった　　　　　　2　おもしろく　なかった

3　おもしろい　　　　　　　　4　おもしろいから

25

1　しに　　　　　2　しますが　　　3　してまで　　　4　しながら

26

1　食べません　　　　　　　　2　食べませんか

3　食べました　　　　　　　　4　食べたいです

● 著者

森本 智子（元広島 YMCA 専門学校専任講師）
高橋 尚子（熊本外語専門学校専任講師）
松本 知恵（NSA 日本語学校専任講師）

レイアウト・DTP	オッコの木スタジオ
カバーデザイン	花本浩一
翻訳	Alex Ko Ransom ／ Nguyen Van Anh
編集協力	古谷真希

ご意見・ご感想は下記の URL までお寄せください。
https://www.jresearch.co.jp/contact/

日本語能力試験　**N5直前対策ドリル＆模試　文字・語彙・文法**

令和2年（2020年）　6月10日　初版第1刷発行
令和4年（2022年）　4月10日　　　第2刷発行

著　　　者	森本智子・高橋尚子・松本知恵
発 行 人	福田富与
発 行 所	有限会社Jリサーチ出版

　　　　　　　〒166-0002　東京都杉並区高円寺北2-29-14-705

電　　　話　　03(6808)8801（代）　FAX　03(5364)5310
編 集 部　　03(6808)8806
　　　　　　　https://www.jresearch.co.jp
　　　　　　　twitter 公式アカウント　@ Jresearch_
　　　　　　　https://twitter.com/Jresearch_

印 刷 所　　萩原印刷株式会社

別冊

べっさつ

解答

かいとう

Separate Volume
Answers and Explanations

Phụ lục
Lời giải, giải thích

解答
かいとう

第1回
だい　　かい

もんだい1　❶3　❷1　❸3　❹2　❺4

▸❷ 八＝ハチ／や／やっ-つ／よう

　　　れい 八つ、八月八日
　　　　　　　やっ　 はちがつようか

▸❺ 左＝サ／ひだり　れい 左右、左の手
　　　　　　　　　　　　　　さゆう　ひだり　て

ことばと表現

☐ いたい　feel pain／đau

もんだい2　❶4　❷2　❸1　❹3

▸❶ 話＝ワ／はな-す／はなし　れい 会話、とも
　　　　　　　　　　　　　　　　　　　　　　　かいわ
　　 だちと 話します、話を します
　　　　　　 はな　　　 はなし

ことばと表現

☐ 入口 entrance／lối vào
　　いりぐち

もんだい3　❶4　❷2　❸1　❹3　❺4

ことばと表現

☐ ふく　clothes／quần áo

☐ 前 in front of／phía trước
　 まえ

もんだい4　❶3　❷2

第2回
だい　　かい

もんだい1　❶1　❷2　❸4　❹2　❺3

▸❺ 四＝シ／よ／よ-つ／よっ-つ／よん

　　　れい 四月、四カ月
　　　　　　 しがつ　 よんげつ

ことばと表現

☐ はたらきます　work／làm việc

もんだい2　❶3　❷2　❸1　❹4

もんだい3　❶2　❷4　❸1　❹2　❺4

ことばと表現

☐ しゃしん　photo／bức ảnh

☐ おんがく　music／âm nhạc

第3回
だい　　かい

もんだい1　❶4　❷1　❸4　❹2　❺3

▸❹ 七＝シチ／なな／なな-つ／なの

ことばと表現

☐ やさい vegitable／rau xanh

もんだい2　❶2　❷4　❸1　❹3

▸❹ 午＝ゴ　れい 午前
　　　　　　　　 ごぜん
　　 後＝ゴ／うし-ろ／あと

　　　　　　 れい 午後、家の 後ろ、後で
　　　　　　　　　 ごご　 いえ　 うし　　あと

もんだい3　❶2　❷3　❸1　❹4　❺2

もんだい4　❶1　❷2

ことばと表現

☐ じょうぶ（な）durable, strong／chắc, khỏe

第4回
だい　　かい

もんだい1　❶4　❷2　❸4　❹3　❺1

▸❶ 毎＝マイ　れい 毎週、毎月
　　　　　　　　　 まいしゅう まいつき
　　 日＝ニチ／ひ／か

　　　　　　 れい 15日、休みの 日、二日
　　　　　　　　　 にち　 やす　　 ひ　 ふつか

もんだい2　❶2　❷1　❸3　❹4

ことばと表現

☐ すてます throw away／vứt bỏ

もんだい3　❶1　❷3　❸2　❹1　❺4

ことばと表現

☐ はきます[ズボン、スカートを] wear, put on／đi, mang,
　 mặc (quần, váy)

もんだい4　❶4　❷1

ことばと表現

☐ かぎ wear, put on／đi, mang, mặc (quần, váy)

第5回
だい かい

もんだい1 ❶3　❷4　❸2　❹1　❺2

▶ ❸九＝キュウ／ク／ここの／ここの-つ
　　　れい 九人、九時、九つ
　　　　　　きゅうにん　く じ　 ここの

ことばと表現

☐ ゆうがた early evening ／ buổi chiều

もんだい2 ❶2　❷1　❸3　❹4

▶ ❹ 電＝デン　れい 電話
　　　　　　　　　　 でんわ
　　　気＝キ　れい 天気
　　　　　　　　　 てん き

もんだい3 ❶1　❷4　❸2　❹4　❺3

ことばと表現

☐ あぶない dangerous ／ nguy hiểm
☐ たてもの building ／ tòa nhà

もんだい4 ❶3　❷2

第6回
だい かい

もんだい1 ❶3　❷4　❸1　❹2　❺1

▶ ❷ 大＝ダイ／おお-きい　れい 大学
　　　　　　　　　　　　　　　 だいがく
▶ ❸ 前＝ゼン／まえ　れい 午前、家の 前
　　　　　　　　　　　　 ご ぜん　 いえ　まえ
▶ ❹ 四＝シ／よん・よ　れい 四回、四時
　　　　　　　　　　　　　 よんかい　よ じ

ことばと表現

☐ かぞく family ／ gia đình

もんだい2 ❶2　❷1　❸4　❹1

▶ ❺ 来＝ライ／き-ます、く-る　れい 来週
　　　　　　　　　　　　　　　　 らいしゅう

もんだい3 ❶2　❷2　❸2　❹3　❺4

もんだい4 ❶3　❷1

第7回
だい かい

もんだい1 ❶4　❷4　❸1　❹4　❺3

▶ ❶ 九＝ク／きゅう　れい 九月、九千円
　　　　　　　　　　　　 く がつ　きゅうせんえん

もんだい2 ❶2　❷4　❸2　❹3

▶ ❶ 店＝テン／みせ　れい 店長、あの 店
　　　　　　　　　　　　 てんちょう　　 みせ

ことばと表現

☐ まいあさ every morning ／ hàng sáng

もんだい3 ❶3　❷1　❸3　❹2　❺1

ことばと表現

☐ つよい hard, strong ／ mạnh
☐ りょうり cooking, food ／ món ăn
☐ すっぱい sour ／ chua

もんだい4 ❶1　❷1

ことばと表現

☐ しごとを します＝はたらきます
　　×「しごとを はたらきます」

第8回
だい かい

もんだい1 ❶4　❷2　❸4　❹1　❺4

▶ ❶ 出＝で-る、だ-す
　　　　　れい 家を 出ます、手紙を 出します
　　　　　　　 いえ　で　　　てがみ　だ
▶ ❸ 新＝シン／あたら-しい　れい 新聞
　　　　　　　　　　　　　　　 しんぶん
▶ ❺ 外＝ガイ／そと　れい 外国、家の 外
　　　　　　　　　　　　 がいこく　いえ　そと

ことばと表現

☐ 出口 exit ／ lối ra
　 でぐち

もんだい2 ❶1　❷1　❸3　❹2

ことばと表現

☐ 切ります cut ／ cắt
　 き

もんだい3 ❶4　❷2　❸1　❹4　❺3

ことばと表現

☐ レジ cash register ／ quầy tính tiền
☐ ちょっと＝すこし
☐ とびます fly ／ bay, nhảy

もんだい4 ❶4　❷3

ことばと表現

☐ おおぜい＝たくさんの 人
　　　　　　　　　　　 ひと

第9回
だい　かい

もんだい1　❶2　❷3　❸4　❹1　❺3

▶ ❶ 国＝コク／くに　れい 外国、わたしの 国
がいこく　　　　　　くに

▶ ❹ 月＝ゲツ／ガツ／つき　れい 今月、毎月
こんげつ　まいつき

もんだい2　❶3　❷1　❸2　❹3

▶ ❷ 間＝カン／あいだ

れい 時間、Ａと Ｂの 間
じかん　　　　　　　あいだ

ことばと表現

□ 人 peoplle, man ／ người

もんだい3　❶4　❷1　❸3　❹1　❺4

ことばと表現

□ ねだん price ／ giá tiền

□ かど corner ／ góc

もんだい4　❶2　❷1

第10回
だい　かい

もんだい1　❶2　❷4　❸3　❹1　❺3

▶ ❶ 木＝モク／き　れい 木曜日、さくらの 木
もくようび　　　　き

▶ ❷ 切＝セツ／き-る

れい 大切な 日、パンを 切ります
たいせつ　ひ　　　　　　　き

ことばと表現

□ はります[切手を] stick, paste ／ dán
きって

□ 外国 foreign country ／ nước ngoài
がいこく

もんだい2　❶1　❷2　❸3　❹2

▶ ❷ 強＝キョウ／つよ-い

れい 勉強／雨が 強いです。
べんきょう　あめ　つよ

▶ ❹ 上＝ジョウ／うえ

れい 上手、つくえの 上
じょうず　　　　　うえ

もんだい3　❶4　❷ 4　❸1　❹4　❺2

ことばと表現

□ むこう over there ／ bên kia, đối diện

□ 注文する order ／ đặt hàng, đặt món
ちゅうもん

もんだい4　❶3　❷2

ことばと表現

□ すごく very, awefully ／ rất, thật đấy

第11回
だい　かい

もんだい1　❶4　❷2　❸1　❹2　❺4

▶ ❹ 電＝デン　れい 電気、電話
てんき　でんわ

もんだい2　❶2　❷1　❸4　❹1

▶ ❷ 小 ＝ショウ／ちい-さい　れい 小学校
しょうがっこう

ことばと表現

□ 名前 name ／ tên
なまえ

もんだい3　❶2　❷4　❸1　❹2　❺2

ことばと表現

□ おぼえます[かんじを] learn ／ ghi nhớ (chữ Hán)

□ おそい[バスが] be late ／ chậm (xe buýt)

もんだい4　❶1　❷1

第12回
だい　かい

もんだい1　❶1　❷2　❸4　❹1　❺1

▶ 社 ＝シャ　れい 社長、会社員
しゃちょう　かいしゃいん

ことばと表現

□ 会社 company ／ công ty
かいしゃ

もんだい2　❶4　❷3　❸1　❹2

ことばと表現

□ 休み day off ／ nghỉ
やす

もんだい3　❶4　❷4　❸4　❹1　❺1

ことばと表現

□ うた song ／ bài hát

□ さいふ purse ／ ví tiền

もんだい4　❶2　❷4

第13回

もんだい1　❶2　❷1　❸4　❹2　❺3

ことばと表現

□ 早い　early ／ nhanh
　はや

もんだい2　❶4　❷1　❸1　❹2

ことばと表現

□ たります　be sufficient ／ đủ

もんだい3　❶3　❷4　❸4　❹1　❺4

ことばと表現

□ まがります　turn ／ rẽ

□ わかい　young ／ trẻ

□ ちがいます　be wrong, be different ／ sai, khác, không
　phải

もんだい4　❶3　❷3

第14回

もんだい1　❶2　❷1　❸2　❹2　❺2

▸ ❺ 教＝キョウ／おしえ-ます

　　れい えいごを おしえます

もんだい2　❶3　❷1　❸1　❹4

ことばと表現

□ 長い　long ／ dài
　なが

もんだい3　❶2　❷4　❸2　❹2　❺4

ことばと表現

□ アルバイト　part time job ／ việc làm thêm

もんだい4　❶3　❷1

第15回

もんだい1　❶2　❷1　❸3　❹2　❺3

ことばと表現

□ つきます　arrive ／ đến nơi

もんだい2　❶1　❷4　❸1　❹1

ことばと表現

□ かいもの　shopping ／ mua sắm

もんだい3　❶1　❷1　❸3　❹1　❺2

ことばと表現

□ こまります　be in trouble ／ khó khăn, rắc rối

もんだい4　❶4　❷3

テーマ別ミニ特訓講座
べつ とっくんこうざ

確認ドリル

1．読み
よ

① b ② b ③ a ④ b ⑤ a ⑥ a ⑦ b ⑧ a
⑨ a ⑩ b

2．書き
か

① a ② b ③ a ④ a ⑤ b ⑥ b ⑦ a ⑧ b
⑨ b ⑩ a

3．い形容詞
けいようし

① a ② b ③ b ④ a ⑤ a ⑥ b ⑦ a ⑧ a
⑨ a ⑩ a

4．な形容詞
けいようし

① b ② a ③ a ④ b ⑤ a ⑥ b ⑦ b ⑧ a
⑨ b ⑩ b

5．時間
じかん

① b ② a ③ b ④ a ⑤ a ⑥ a ⑦ b ⑧ b
⑨ a ⑩ b

6．人
ひと

① a ② a ③ b ④ a ⑤ b ⑥ b ⑦ b ⑧ a
⑨ a ⑩ b

7．カタカナ語
ご

① a ② b ③ a ④ a ⑤ b ⑥ b ⑦ b ⑧ a
⑨ a ⑩ b

解答
かいとう

V	= どうし（verve／động từ）
A	= い-けいようし（i-Adjective／tính từ đuôi い）
NA	= な-けいようし（na-Adjective／tính từ đuôi な）
Vる	= どうし-じしょ形（dictionary form of verb ／thể gốc của động từ）
N	= めいし（noun／danh từ）

第1回
だい　　かい

もんだい1　❶2　❷1　❸1　❹3　❺4
　　　　　　 ❻4　❼2　❽4

ことばと表現

□ Aくて　れい とおくて つかれました。（eason
／lí do）

□ Vます＋ながら　れい 歩きながら 話しまし
　　　　　　　　　　 ある
た。（simultaneity／tiến hành cùng lúc）　はな

もんだい2　❶2　❷4

▸❶ ここは 3ぎんざ 4という 2まち 1です。

▸❷ あしたは 8時 2ごろ 3かいしゃ 4に 1来て
　　　　　　 じ　　　　　　　　　　　　　 き
ください。

もんだい3　❶2　❷3　❸4

第2回
だい　かい

もんだい1　❶4　❷2　❸1　❹3　❺4
　　　　　　 ❻3　❼1　❽3

ことばと表現

□ 〜て＋Vます　れい 歩いて 帰りました。
　　　　　　　　　　 ある　　 かえ
（method; measure／cách thức, phương pháp）

□ Vる＋前に　れい ねる 前に 本を よみます。
　　　 まえ　　　　　 まえ　 ほん

もんだい2　❶1　❷3

▸❶ 母と 3いっしょ 2に 1デパート 4へ 行きまし
　 はは　　　　　　　　　　　　　　　　　 い
た。

▸❷ いつも 1テレビ 4を 3見ながら 2ごはんを
　　　　　　　　　　　 み
食べます。
た

もんだい3　❶3　❷1　❸4

第3回
だい　　かい

もんだい1　❶4　❷2　❸4　❹3　❺1
　　　　　　 ❻2　❼4　❽3

ことばと表現

□ 〜を ください　れい これを 1つ ください。
（order／yêu cầu）

□ Vない＋で ください　れい わすれないで く
ださい。

もんだい2　❶2　❷3

▸❶ 日本語を 3べんきょうし 1に 2日本 4へ
　 にほんご　　　　　　　　　　　 にほん
来ました。
き

▸❷ ばんごはんを 4食べた 1あとで 3えいがを
　　　　　　　　　 た
2見に 行きましょう。
　 み　 い

もんだい3　❶3　❷4　❸2

ことばと表現

□ 〜で…　れい しごとで いそがしいです。
（reason／lí do）

第4回
だい かい

もんだい1 ❶1 ❷3 ❸1 ❹2 ❺4
❻2 ❼3 ❽2

ことばと表現

□ ～では/じゃ ありません 例 しずかでは
ありません。／子どもじゃ ありません。

□ ～しか…ません 例 千円しか 持って いま
せん。（emphasizing a small amount ／ nhấn mạnh việc có
ít）

もんだい2 ❶1 ❷3

▶❶ スーパー ₄で ₂買いもの ₁を ₃して から
いえに かえります。

▶❷ きのう リンさんは 会社 ₂を ₄休みました
₃が、₁どうして ですか。

もんだい3 ❶1 ❷3 ❸2

第5回
だい かい

もんだい1 ❶3 ❷4 ❸2 ❹4 ❺1
❻1 ❼2 ❽3

ことばと表現

□ Vます＋に 行きます 例 えいがを 見に 行
きます。

□ あまり～ません 例 あまり さむく ありま
せん。（not very ～ ／ không ～ mấy）

もんだい2 ❶2 ❷4

▶❶ すみません、₄その ₃かさ ₂を ₁とって くだ
さい。

▶❷ このへや ₂に ₃は ₄テーブルや ₁ソファーな
どが あります。

もんだい3 ❶4 ❷2 ❸2

□ ～を 出ます 例 家を 出ます
で いえ で

第6回
だい かい

もんだい1 ❶1 ❷3 ❸4 ❹3 ❺4
❻3 ❼2 ❽2

ことばと表現

□ ～で…ます 例 はしで ごはんを 食べま
す。（method; measure ／ cách thức, phương pháp）

もんだい2 ❶4 ❷2

▶❶ 私は 兄 ₂と ₃いっしょに ₄日本 ₁へ 来まし
た。

▶❷ うちへ ₁さいふ ₃を ₂とり ₄に 帰ります。

もんだい3 ❶2 ❷1 ❸1

第7回
だい かい

もんだい1 ❶3 ❷2 ❸4 ❹4 ❺4
❻1 ❼4 ❽2

ことばと表現

□ ～に…回 例 1日に 3回、薬を 飲みます。

□ ～から 例 さむいから、コートを 着ます。
（reason ／ lí do）

もんだい2 ❶2 ❷2

▶❶ 駅の 前 ₃に ₄ある ₂コンビニ ₁で ジュース
を 買いました。

▶❷ ちちに ₁もらった ₄かばんは ₂かるくて
₃べんり です。

もんだい3 ❶2 ❷4 ❸2

ことばと表現

□ ～て Vます 例 さとうを 入れて コーヒー
を 飲みます。（in a given condition ／ ở một trạng thái）

□ でも 例 安かったです。でも、とても お
いしかったです。（adversative conjunction ／ mệnh
đề ngược）

第8回
<small>だい</small> <small>かい</small>

もんだい1 ❶2　❷3　❸1　❹1　❺4
❻3　❼2　❽2

ことばと表現

□ ～で ［れい］3つで 1000円 (standard; condition
<small>えん</small>
／ tiêu chuẩn, điều kiện)

□ (おかし)を 持って います
<small>も</small>
＝ (おかし) が あります

もんだい2 ❶4　❷2

▶❶ きのう ₁友だち ₃と ₄見た ₂えいが は
<small>とも</small> <small>み</small>
おもしろかったです。

▶❷ 私は 駅の ₃中 ₄に ₂ある ₁コンビニ で
<small>わたし</small> <small>えき</small> <small>なか</small>
アルバイトをしています。

もんだい3 ❶2　❷2　❸3

第9回
<small>だい</small> <small>かい</small>

もんだい1 ❶4　❷1　❸3　❹4　❺3
❻1　❼3　❽4

ことばと表現

□ NAで ［れい］ここは べんりで、よく 来ま
<small>き</small>
す。

□ N₁じゃなくて N₂
［れい］コーヒーじゃなくて、紅茶です。
<small>こうちゃ</small>

もんだい2 ❶3　❷2

▶❶ すみません。₂この ₁コピーきの ₃使い方
<small>つか かた</small>
₄を おしえてください。

▶❷ もうすぐ ₃電車 ₁が ₂来ます ₄から いそいで
<small>でんしゃ</small> <small>き</small>
ください。

もんだい3 ❶3　❷3　❸3

ことばと表現

□ ～た あと(で)
［れい］ごはんを 食べた あと、出かけます。
<small>た</small> <small>で</small>

第10回
<small>だい</small> <small>かい</small>

もんだい1 ❶3　❷1　❸3　❹2　❺4
❻1　❼2　❽3

ことばと表現

□ ～も ～ません ［れい］どこも 行きません。／
<small>い</small>
何も しません。(complete negation ／ phủ định hoàn
<small>なに</small>
toàn)

□ Nの とき ［れい］高校生の とき／病気の とき
<small>こうこうせい</small> <small>びょうき</small>

もんだい2 ❶2　❷1

▶❶ ここ ₁から ₄駅 ₂まで ₃どのくらい かかりま
<small>えき</small>
すか。

▶❷ きのう ₄買った ₂おかし ₁を ₃友だち に
<small>か</small> <small>とも</small>
あげます。

もんだい3 ❶2　❷1　❸3

第11回
<small>だい</small> <small>かい</small>

もんだい1 ❶1　❷2　❸3　❹1　❺1
❻1　❼3　❽4

ことばと表現

□ ～で ［れい］えいごで おねがいします。

(method; measure ／ cách thức, phương pháp)

もんだい2 ❶1　❷4

▶❶ けさ ₃つよい ₂雨が ₁ふりました ₄が、午後
<small>あめ</small> <small>ご ご</small>
は はれました。

▶❷ あれ？ ₁つくえ ₂の ₄下 ₃に 何か あります
<small>した</small> <small>なに</small>
よ。

もんだい3 ❶2　❷4　❸3

ことばと表現

□ ～たいです ［れい］水が 飲みたいです。(want
<small>みず</small> <small>の</small>
to～ ／ muốn～)

第12回
だい　　かい

もんだい1 ❶2　❷4　❸1　❹2　❺1
❻1　❼2　❽3

もんだい2 ❶2　❷4

▶ ❶ ひまな とき、よく ちかくの ₄こうえん ₃へ ₂さんぽ ₁に 行きます。
い

▶ ❷ 私は ₁どこか ₂で ₄あの ₃男の 人を 見まし
わたし　　　　　　　　　　　　　　　　おとこ　ひと　　み
た。

もんだい3 ❶1　❷3　❸2

ことばと表現

□ ～からです　れい いそがしかったからで す。(reason ／ lí do)

第13回
だい　　かい

もんだい1 ❶4　❷1　❸1　❹1　❺1
❻3　❼3　❽2

ことばと表現

□ Ｖて＋から　れい ごはんを 食べてから 出か
た　　　　　　で
けます。(to perform an action following a certain action.
／ thực hiện một hành động tiếp sau một hành động khác)

□ Ｖます＋方　れい これの 使い方が わかり
かた　　　　　　　　つか　かた
ません。(method; measure ／ cách thức, phương pháp)

もんだい2 ❶3　❷2

▶ ❶ スーパーで ₁買い物 ₂を ₃して ₄から、
か　もの
うちへ 帰ります。
かえ

▶ ❷ 日ようび、田中さんと ₁田中さん ₄の
にち　　　　たなか　　　　　　たなか
₂いもうと ₃と いっしょに 買い物に
か　もの
行きました。
い

もんだい3 ❶4　❷1　❸3

ことばと表現

□ ～ています　れい いま テレビを 見ていま
み
す。(present progressive form ／ hiện tại tiếp diễn)

第14回
だい　　かい

もんだい1 ❶4　❷4　❸2　❹2　❺1
❻2　❼1　❽1

ことばと表現

□ ～と　れい かれは 日本の 女の 人と けっこ
にほん　おんな　ひと
んしました。(to indicate the object of an action. ／ chỉ người thực hiện hành động)

もんだい2 ❶4　❷2

▶ ❶ ここから 京都まで ₂車 ₃で ₄3時間 ₁ぐら
きょうと　　　くるま　　　　じかん
い かかります。

▶ ❷ 山田さんの たんじょう日に ₁あげた ₄ペン
やまだ　　　　　　　　　び
₂は ₃これ と おなじ ものです。

もんだい3 ❶3　❷2　❸4

□ ～が、～　れい 大きいですが、軽いです。
おお　　　　　　かる
(contradictory conjunction ／ mâu thuẫn kết hợp)

第15回
だい　　かい

もんだい1 ❶3　❷1　❸4　❹4　❺4
❻1　❼2　❽3

ことばと表現

□ Ａくて Ａ(NA)　れい 安くて おいしい
やす
(continuing to add more detail ／ ghép thêm nội dung)

もんだい2 ❶3　❷3

▶ ❶ 私は ₂一週間 ₄に ₃2回 ₁日本人 の 友だち
わたし　　いっしゅうかん　　　かい　　にほんじん　　　とも
と サッカーを します。

▶ ❷ 今の ₂へや より ₃もう少し ₄広い へやに
いま　　　　　　　　　　すこ　　ひろ
すみたいです。

もんだい3 ❶1　❷3　❸4

□ ～ています　れい まいばん、いえで 食べて
た
います。(habit, manner ／ thói quen)

 確認ドリル

1. 助詞①

① a　② a　③ b　④ a　⑤ a　⑥ b　⑦ b　⑧ a
⑨ a　⑩ b

2. 助詞②

① a　② b　③ a　④ b　⑤ a　⑥ a　⑦ b　⑧ a
⑨ b　⑩ b

3. 疑問詞

① b　② a　③ a　④ b　⑤ a　⑥ a　⑦ b　⑧ b
⑨ b　⑩ a

4. 文型①

① b　② b　③ a　④ a　⑤ a　⑥ b　⑦ a　⑧ a
⑨ b　⑩ a

5. 文型②

① a　② a　③ b　④ b　⑤ a　⑥ b　⑦ b　⑧ a
⑨ b　⑩ a

文字・語彙 解答
もじ　　　ごい　　かいとう

第1回
だい　　かい

もんだい1 ① 3 ② 3 ③ 1 ④ 4 ⑤ 2
⑥ 1 ⑦ 4 ⑧ 2 ⑨ 3 ⑩ 2
⑪ 1 ⑫ 4

▶④ 休＝キュウ／やす-む／やす-まる／やす-める
　　 れい 休日、休みの日
　　　　　 きゅうじつ　やす　　ひ

▶⑧ 読＝ドク／トク／トウ／よ-む
　　 れい 読書、本を 読む
　　　　　 どくしょ　ほん　よ

ことばと表現

□ まちます wait／đợi

もんだい2 ⑬ 2 ⑭ 4 ⑮ 4 ⑯ 3 ⑰ 2
⑱ 1 ⑲ 4 ⑳ 2

▶④ 足＝ソク／あし／た-りる／た-る／た-す
　　 れい 手と 足
　　　　　 て　あし

もんだい3 ㉑ 1 ㉒ 3 ㉓ 4 ㉔ 2 ㉕ 2
㉖ 3 ㉗ 1 ㉘ 4 ㉙ 4 ㉚ 2

ことばと表現

□ しんごう signal／đèn giao thông

□ ぬぎます[ふく、くつ] put off／cởi (quần áo, giày dép)

もんだい4 ㉛ 3 ㉜ 4 ㉝ 2 ㉞ 1 ㉟ 4

第2回
だい　　かい

もんだい1 ① 4 ② 1 ③ 3 ④ 2 ⑤ 2
⑥ 3 ⑦ 3 ⑧ 1 ⑨ 2 ⑩ 4
⑪ 4 ⑫ 1

▶⑧ 月＝ゲツ／ガツ
　　 れい 先月、今月、来月、1月
　　　　　 せんげつ　こんげつ　らいげつ　　がつ

もんだい2 ⑬ 2 ⑭ 3 ⑮ 3 ⑯ 4 ⑰ 2
⑱ 3 ⑲ 3 ⑳ 3

▶⑭ 毎＝マイ　れい 毎朝、毎日、毎晩
　　　　　　　　　　 まいあさ　まいにち　まいばん

もんだい3 ㉑ 3 ㉒ 1 ㉓ 1 ㉔ 4 ㉕ 2
㉖ 2 ㉗ 3 ㉘ 1 ㉙ 3 ㉚ 2

ことばと表現

□ あね elder sister／chị

もんだい4 ㉛ 2 ㉜ 1 ㉝ 4 ㉞ 4 ㉟ 4

第3回
だい　　かい

もんだい1 ① 3 ② 1 ③ 4 ④ 1 ⑤ 2
⑥ 2 ⑦ 2 ⑧ 3 ⑨ 2 ⑩ 1
⑪ 2 ⑫ 2

ことばと表現

□ はんとし half a year／nửa năm

もんだい2 ⑬ 3 ⑭ 1 ⑮ 4 ⑯ 4 ⑰ 2
⑱ 1 ⑲ 4 ⑳ 2

ことばと表現

□ かいぎ meeting／cuộc họp

もんだい3 ㉑ 3 ㉒ 3 ㉓ 1 ㉔ 4 ㉕ 4
㉖ 2 ㉗ 2 ㉘ 1 ㉙ 4 ㉚ 4

ことばと表現

□ すわります sit／ngồi

□ ならいます learn／học

□ みち way／đường

もんだい4 ㉛ 1 ㉜ 3 ㉝ 4 ㉞ 3 ㉟ 2

模擬試験
文法 解答
もぎしけん　ぶんぽう　かいとう

第1回
だい　かい

もんだい1 1 1　2 2　3 4　4 2　5 1
6 3　7 1　8 4　9 2　10 2
11 4　12 3　13 4　14 2　15 2
16 4

ことばと表現
- まっすぐ straight ／ thẳng
- こわれます break ／ hỏng

もんだい2 17 1　18 3　19 4　20 2　21 4
▶17 子どもの ₄とき ₃よく ₁この ₂こうえんで あそびました。
▶18 リンさんは ₂あの ₄かみ ₃の ₁長い 人です。
▶19 今 ₃父 ₁は ₄アメリカ ₂に います。
▶20 あの 赤い ₁かさ ₄は ₂私 ₃の です。
▶21 この ケーキは ₁おいしいです ₂が ₄ちょっと ₃高い です。

もんだい3 22 3　23 2　24 4　25 1　26 2
- ～ないで～します
 れい まどを 閉めないで、出かけました。

第2回
だい　かい

もんだい1 1 1　2 3　3 4　4 4　5 2
6 2　7 3　8 2　9 3　10 1
12 4　13 1　14 4　15 3
16 3
- Nを＋数＋ください れい パンを ひとつ ください
ことばと表現
- もっと more ／ hơn nữa

もんだい2 17 4　18 2　19 4　20 3　21 2
▶17 うちへ ₁けいたい電話 ₃を ₄とり ₂に 帰ります。
▶18 駅の 前 ₃に ₄ある ₂スーパー ₁で パンを 買いました。
▶19 私は ₁兄 ₃と ₄いっしょ ₂に 日本へ 来ました。
▶20 すみません、₂この ₁ATMの ₃使い方 ₄を 教えてください。
▶21 ここ ₁から ₄くうこう ₂まで ₃どのくらい かかりますか。

もんだい3 22 2　23 2　24 2　25 2　26 4
- Nで れい リンさんは 大学生で、20さいです。
 （continuing to add more detail ／ ghép thêm nội dung）
- もう～ました れい もう 終わりました。
 （completion ／ hoàn thành）

第3回
だい　かい

もんだい1 1 1　2 1　3 2　4 2　5 3
6 3　7 2　8 4　9 3　10 1
11 2　12 1　13 1　14 2　15 2
16 2

ことばと表現
- 方＝人 （polite way of saying ／ cách nói lịch sự）
- どなた＝だれ （polite way of saying ／ cách nói lịch sự）

もんだい2 17 3　18 3　19 2　20 1　21 4
▶17 きのう 友だち ₁と ₂見た ₃えいが ₄は とても おもしろかったです。
▶18 そうじを しましたから、₂へや ₄が ₃きれい ₁に なりました。
▶19 きのうのばん ₁書いた ₄えいご ₂の ₃レポートは、今日 出します。
▶20 「この ₄みち ₂を ₁まっすぐ ₃行って ください。」
▶21 「しやくしょ ₃へ ₁は ₄だれ ₂と 行きましたか。」

13

もんだい3 22 1　23 3　24 2　25 4　26 3

ことばと表現

□ Ｖます＋に行きます　れい 妹を迎えに行きます。

にほんごのうりょくしけん
日本語能力試験 N5直前対策ドリル&模試 文字・語彙・文法 Part 3 模擬試験

げんごちしき（もじ・ごい）かいとうようし

なまえ
Name

第1回

もんだい1

	1	2	3	4
1	①	②	③	④
2	①	②	③	④
3	①	②	③	④
4	①	②	③	④
5	①	②	③	④
6	①	②	③	④
7	①	②	③	④
8	①	②	③	④
9	①	②	③	④
10	①	②	③	④
11	①	②	③	④
12	①	②	③	④

もんだい2

	1	2	3	4
13	①	②	③	④
14	①	②	③	④
15	①	②	③	④
16	①	②	③	④
17	①	②	③	④
18	①	②	③	④
19	①	②	③	④
20	①	②	③	④

もんだい3

	1	2	3	4
21	①	②	③	④
22	①	②	③	④
23	①	②	③	④
24	①	②	③	④
25	①	②	③	④
26	①	②	③	④
27	①	②	③	④
28	①	②	③	④
29	①	②	③	④
30	①	②	③	④

もんだい4

	1	2	3	4
31	①	②	③	④
32	①	②	③	④
33	①	②	③	④
34	①	②	③	④
35	①	②	③	④

第2回

もんだい1

	1	2	3	4
1	①	②	③	④
2	①	②	③	④
3	①	②	③	④
4	①	②	③	④
5	①	②	③	④
6	①	②	③	④
7	①	②	③	④
8	①	②	③	④
9	①	②	③	④
10	①	②	③	④
11	①	②	③	④
12	①	②	③	④

もんだい2

	1	2	3	4
13	①	②	③	④
14	①	②	③	④
15	①	②	③	④
16	①	②	③	④
17	①	②	③	④
18	①	②	③	④
19	①	②	③	④
20	①	②	③	④

もんだい3

	1	2	3	4
21	①	②	③	④
22	①	②	③	④
23	①	②	③	④
24	①	②	③	④
25	①	②	③	④
26	①	②	③	④
27	①	②	③	④
28	①	②	③	④
29	①	②	③	④
30	①	②	③	④

もんだい4

	1	2	3	4
31	①	②	③	④
32	①	②	③	④
33	①	②	③	④
34	①	②	③	④
35	①	②	③	④

第3回

もんだい1

	1	2	3	4
1	①	②	③	④
2	①	②	③	④
3	①	②	③	④
4	①	②	③	④
5	①	②	③	④
6	①	②	③	④
7	①	②	③	④
8	①	②	③	④
9	①	②	③	④
10	①	②	③	④
11	①	②	③	④
12	①	②	③	④

もんだい2

	1	2	3	4
13	①	②	③	④
14	①	②	③	④
15	①	②	③	④
16	①	②	③	④
17	①	②	③	④
18	①	②	③	④
19	①	②	③	④
20	①	②	③	④

もんだい3

	1	2	3	4
21	①	②	③	④
22	①	②	③	④
23	①	②	③	④
24	①	②	③	④
25	①	②	③	④
26	①	②	③	④
27	①	②	③	④
28	①	②	③	④
29	①	②	③	④
30	①	②	③	④

もんだい4

	1	2	3	4
31	①	②	③	④
32	①	②	③	④
33	①	②	③	④
34	①	②	③	④
35	①	②	③	④

にほんごのうりょくしけん
日本語能力試験 N5直前対策ドリル&模試 文字・語彙・文法 Part 3 模擬試験

げんごちしき（ぶんぽう） かいとうようし

なまえ
Name

第 1 回

もんだい1

1	①	②	③	④
2	①	②	③	④
3	①	②	③	④
4	①	②	③	④
5	①	②	③	④
6	①	②	③	④
7	①	②	③	④
8	①	②	③	④
9	①	②	③	④
10	①	②	③	④
11	①	②	③	④
12	①	②	③	④
13	①	②	③	④
14	①	②	③	④
15	①	②	③	④
16	①	②	③	④

もんだい2

17	①	②	③	④
18	①	②	③	④
19	①	②	③	④
20	①	②	③	④
21	①	②	③	④

もんだい3

21	①	②	③	④
22	①	②	③	④
23	①	②	③	④
24	①	②	③	④
25	①	②	③	④
26	①	②	③	④

第 2 回

もんだい1

1	①	②	③	④
2	①	②	③	④
3	①	②	③	④
4	①	②	③	④
5	①	②	③	④
6	①	②	③	④
7	①	②	③	④
8	①	②	③	④
9	①	②	③	④
10	①	②	③	④
11	①	②	③	④
12	①	②	③	④
13	①	②	③	④
14	①	②	③	④
15	①	②	③	④
16	①	②	③	④

もんだい2

17	①	②	③	④
18	①	②	③	④
19	①	②	③	④
20	①	②	③	④
21	①	②	③	④

もんだい3

21	①	②	③	④
22	①	②	③	④
23	①	②	③	④
24	①	②	③	④
25	①	②	③	④
26	①	②	③	④

第 3 回

もんだい1

1	①	②	③	④
2	①	②	③	④
3	①	②	③	④
4	①	②	③	④
5	①	②	③	④
6	①	②	③	④
7	①	②	③	④
8	①	②	③	④
9	①	②	③	④
10	①	②	③	④
11	①	②	③	④
12	①	②	③	④
13	①	②	③	④
14	①	②	③	④
15	①	②	③	④
16	①	②	③	④

もんだい2

17	①	②	③	④
18	①	②	③	④
19	①	②	③	④
20	①	②	③	④
21	①	②	③	④

もんだい3

21	①	②	③	④
22	①	②	③	④
23	①	②	③	④
24	①	②	③	④
25	①	②	③	④
26	①	②	③	④